ERICH GARHAMMER

Und er bewegt sie doch

Wie Papst Franziskus Kirche und Welt verändert

echter

Bibliografische Information der Deutschen Nationalbibliothek

Die Deutsche Nationalbibliothek verzeichnet diese Publikation in der Deutschen Nationalbibliografie; detaillierte bibliografische Daten sind im Internet über ‹http://dnb.d-nb.de› abrufbar.

1. Auflage 2017

www.echter.de

Umschlag: wunderlichundweigand.de
(Foto: © giulio napolitano/shutterstock.com)
Satz: Hain-Team (www.hain-team.de)
Druck und Bindung: CPI books – Clausen & Bosse, Leck

ISBN
978-3-429-04352-0 (Print)
978-3-429-04916-4 (PDF)
978-3-429-06336-8 (ePub)

Inhalt

Vorwort 7

Ein Paukenschlag:
Der Rücktritt von Papst Benedikt XVI. 9

Papst Franziskus – der Jesuit 29

Papst Franziskus – der Knotenlöser 51

Die Grundhaltungen von Papst Franziskus 133

Ausblick 149

Anmerkungen 151

Literatur 155

Vorwort

Am 25. März 2013 war ein Artikel in der taz zu lesen mit der Überschrift: „Junta-Kumpel löst Hitlerjungen ab". Er begann mit folgenden Sätzen: „Der neue Papst ist, den bislang vorliegenden Informationen nach zu urteilen, ein reaktionärer alter Sack wie sein Vorgänger. Der war seinerseits einem reaktionären alten Sack gefolgt, der wiederum einen reaktionären alten Sack beerbt hatte. Alter Sack I. folgte Alter Sack II., Alter Sack II. aber folgte Alter Sack III. – in einem fort, jahrein, jahraus." Das war eine der größten Geschmacklosigkeiten im deutschen Journalismus der letzten Jahre. Ich bin kein Leserbriefschreiber, aber an diesem Tag griff ich zur Feder und schrieb an die taz:

„Sehr geehrte Damen und Herren,
gegen den Artikel vom 25. März protestiere ich aufs Schärfste. Er erfüllt den Tatbestand der Beleidigung. Er ist ein Armutszeugnis für den Autor, aber auch für Ihre Zeitung, die einen solchen Artikel durchgehen lässt. Ich kann nur den bekannten Schriftsteller Kurt Marti zitieren, der einmal festgestellt hat: Die Katholiken haben nur einen Papst, in den Redaktionen des Kulturbetriebs dagegen sitzen viele Päpste, die ihre Unfehlbarkeit zelebrieren. Es ist allerdings eine Unfehlbarkeit des Starrsinns und der ideologischen Kleingeisterei.

Eine Entschuldigung in Ihrer Zeitung wäre die einzig angemessene Reaktion auf diesen skandalösen Beitrag."

Eine Entschuldigung ist natürlich nie erfolgt.

Die größte Widerlegung dieses peinlichen Artikels ist das Wirken von Papst Franziskus. Er hat mich von Anfang an fasziniert. Und so habe ich getan, was ich mir nie hätte vorstellen können: Ich habe ein Buch über einen Papst geschrieben, nicht über irgendeinen, sondern über Papst Franziskus. Es ist eine Hommage.

Würzburg, 31. März 2017
Erich Garhammer

Ein Paukenschlag: Der Rücktritt von Papst Benedikt XVI.

Zunächst dachten viele an einen Faschingsscherz, als am 11. Februar 2013, also am Rosenmontag, gemeldet wurde, Papst Benedikt XVI. habe zum 28. Februar seinen Rücktritt erklärt. Aber der 11. Februar war nur zufällig in diesem Jahr Rosenmontag, er wird in der Kirche als „Welttag der Kranken" gefeiert. Papst Benedikt wollte also zum Ausdruck bringen, dass ihm sein Gesundheitszustand die Leitung der Weltkirche nicht mehr erlaube.

Benedikt XVI. datiert allerdings nun im Rückblick seinen Rücktritt auf das Fest der Lourdes-Madonna. Da das Fest von Bernadette von Lourdes wiederum auf seinen Geburtstag fällt, so gibt es hier biographische Verbindungen, die ihm wichtig sind.

Der Weltjugendtag als Rücktrittsgrund

Interessant sind die Rücktrittsmotive: In dem Gesprächsband mit Peter Seewald wird der Rat eines Arztes als Grund genannt. Der nächste Weltjugendtag in Rio de Janeiro sollte turnusgemäß erst 2014 sein, wurde aber wegen der Fußballweltmeisterschaft um ein Jahr vorgezogen. Benedikt wusste: Das schaffe ich nicht mehr. Deshalb sein Rücktritt zu diesem Zeitpunkt, damit der neue Papst noch genügend Vorlauf für Rio hatte. Großer Respekt von allen Seiten wurde ihm für diesen Schritt entgegengebracht. Dieser Schritt veränderte von einem Moment zum anderen das Papstamt: Das seit dem 19. Jahrhundert sakral aufgeladene Amt bekam plötzlich wieder menschliche Züge.

Die große Frage war: Wer sollte Papst Benedikt nachfolgen? Fast alle wahlberechtigten Kardinäle waren von ihm oder seinem Vorgänger Johannes Paul II. ernannt worden. So wurde schnell vermutet, der Nachfolger könnte nur eine Kopie der Vorgängerpäpste sein. Umso größer war die Überraschung, als am 13. März Kardinal Jorge Mario Bergoglio von Buenos Aires auf die Segensloggia trat. Er war im 5. Wahlgang zum Papst gewählt worden und hatte sich den Namen Franziskus gegeben. Bereits sein erster Auftritt auf der Segensloggia machte deutlich, dass hier einer das Papstamt ganz neu interpretieren würde.

Der erste Auftritt des Neuen

Franziskus trat in einfachem weißen Talar auf und mit einfachem Brustkreuz. Die Stola legte er nur zum Segen um und dann sofort wieder ab. Bereits bei der Ankleideszene soll es zu einer Auseinandersetzung gekommen sein, die er mit der Aussage „der Karneval ist vorbei" quittiert haben soll. Dann seine ersten Sätze: „Brüder und Schwestern! Guten Abend!" Er vermittelt Nähe, Vertrautheit, sein Gruß ist der Gruß eines Bekannten, den man auf der Straße trifft. Hier zeigt einer eine Haltung von Urbanität. Und er fährt fort: „Ihr wisst, es war die Aufgabe des Konklaves, Rom einen Bischof zu geben. Es scheint, meine Mitbrüder, die Kardinäle, sind fast bis ans Ende der Welt gegangen, um ihn zu holen … Aber wir sind hier … Ich danke euch für diesen Empfang. Die Diözese Rom hat nun ihren Bischof. Danke. Zunächst möchte ich ein Gebet sprechen für unseren emeritierten Bischof Benedikt XVI. Beten wir alle gemeinsam für ihn, dass der Herr ihn segne und die Mutter Gottes ihn beschütze."

Franziskus beschreibt die Papstwahl als Wahl des Bischofs von Rom. Diesen Bischof hat man allerdings nicht aus dem italienischen oder europäischen Episkopat ausgewählt, sondern man ist bis ans Ende der Welt gegangen, um den geeigneten Kandidaten zu finden. Der Lateinamerikaner bringt damit zum Ausdruck, dass sein Kontinent von Europa aus oft als Ende der Welt gesehen wird, als marginal. Dann betet er für seinen Vorgänger, den zurückgetretenen Papst Benedikt: auch das eine neue Situation, dass der Vorgänger noch lebt. Papst Franziskus hat seinen Vorgänger sogar am Telefon in Castel Gandolfo anzurufen versucht, um ihm seine Wahl persönlich mitzuteilen. Doch der saß vor dem Fernsehgerät, um die Nachricht dort zu erfahren. Der Papst em. wird sofort miteinbezogen, auch die versammelten Schaulustigen werden zu Gläubigen und einer Gebetsgemeinschaft. Die nächsten Sätze deuten ein neues Verständnis des Papstamtes an: „Und jetzt beginnen wir diesen Weg – Bischof und Volk –, den Weg der Kirche von Rom, die den Vorsitz in der Liebe führt gegenüber allen Kirchen; einen Weg der Brüderlichkeit, der Liebe, des gegenseitigen Vertrauens. Beten wir immer füreinander. Beten wir für die ganze Welt, damit ein großes Miteinander herrsche. Ich wünsche euch, dass dieser Weg als Kirche, den wir heute beginnen und bei dem mir mein Kardinalvikar, der hier anwesend ist, helfen wird, fruchtbar sei für die Evangelisierung dieser schönen Stadt." Er beschreibt seinen Weg als gemeinsamen Weg von Bischof und Volk. Rom ist zunächst eine Diözese wie alle anderen, allerdings mit einer bestimmten Tradition, nämlich dem Vorsitz der Liebe, die sich in Brüderlichkeit und gegenseitigem Vertrauen ausdrückt. Die Evangelisierung beginnt in dieser Stadt, auch die „urbs Roma" ist nicht Besitzerin des Evangeliums, sie bedarf der Evangelisierung bis hinein in die Kurie.

Nur der Gesegnete kann segnen

Und dann kommt es zu einer bewegenden Geste und Einladung: „Und nun möchte ich den Segen erteilen, aber zuvor bitte ich euch um einen Gefallen. Ehe der Bischof das Volk segnet, bitte ich euch, den Herrn anzurufen, dass er mich segne: das Gebet des Volkes, das um den Segen für seinen Bischof bittet. In Stille wollen wir euer Gebet für mich halten." Der Papst beugt sich nieder, eine Gebetsstille erfüllt den Petersplatz und das Volk bestätigt in einer spirituellen *acclamatio* den neuen Papst. Erst dann spendet der neue Papst den Segen: Nur der Gesegnete kann segnen. Er singt den Segen nicht, sondern spricht ihn, so dass sofort das alte Sprichwort die Runde macht: Jesuita non cantat. Dieses Wort bezieht sich allerdings auf das Chorgebet der Jesuiten, zu dem sie nicht verpflichtet sind, nicht auf eine Vorschrift, nicht singen zu dürfen. Der neue Papst kann aufgrund einer Lungenoperation nicht singen.

Der Papst verabschiedet sich zum Schluss mit einem vertrauten „gute Nacht und angenehme Ruhe". Das geistliche Zeremoniell ist hier eingebettet in eine Inszenierung von Alltag, unaufgeregt, aber herzlich. Wer ist dieser neue Papst?, so fragen sich nicht nur die Menschen auf dem Petersplatz.

Steckbrief

Am besten kann uns Franziskus selbst erklären, wer er ist. Hier ein Steckbrief in kurzen Sätzen, so wie er sich in einem Interview präsentiert hat:

- „Wie würden Sie sich einer Gruppe vorstellen, die Sie nicht kennt? – Ich bin Jorge Bergoglio, Seelsorger. Ich bin nämlich gerne Seelsorger.
- Welchen Ort auf der Welt würden Sie nennen? – Buenos Aires.
- Welche Person? – Meine Großmutter.
- Ihr bevorzugtes Informationsmedium? – Ich lese die Tageszeitungen. Das Radio schalte ich ein, um klassische Musik zu hören.
- Sie fahren viel mit der U-Bahn. Ist das Ihr bevorzugtes Transportmittel? – Ich nehme es fast immer wegen der Schnelligkeit, aber noch lieber fahre ich mit dem Autobus, weil ich da die Straße sehe.
- Hatten Sie eine Freundin? – Ja. Sie gehörte zu der Gruppe von Freunden, mit denen wir tanzen gingen.
- Warum haben sie die Beziehung beendet? – Ich entdeckte meine religiöse Berufung.
- Haben Sie irgendwelche Hobbys? – Als Junge habe ich Briefmarken gesammelt. Jetzt lese ich gerne und höre gern Musik.
- Ein literarisches Werk? – Die Dichtung von Hölderlin fasziniert mich. Aber auch viele Werke der italienischen Literatur.
- Was zum Beispiel? – Die Verlobten von Manzoni habe ich sicher viermal gelesen. Ebenso oft die Göttliche Komödie. Auch Dostojewskij und Maréchal sagen mir viel.

– Und Borges? Sie haben sich sehr mit ihm auseinandergesetzt. – Aber sicher! Außerdem hatte Borges die geniale Art, über fast alles zu erzählen, ohne sich selber in den Vordergrund zu rücken. Er war ein sehr weiser und tiefer Mensch. Das Bild, das ich von seiner Einstellung zum Leben habe, ist das eines Menschen, der die Dinge an ihren Platz stellt, der die Bücher in den Regalen ordnet wie der Bibliothekar, der er ja selber war.

– Borges war Agnostiker. – Ein Agnostiker, der jeden Abend das Vaterunser betete, weil er es seiner Mutter versprochen hatte, und der schließlich mit religiösem Beistand starb.

– Ein musikalisches Werk Ihrer Wahl? – Unter denen, die ich am meisten bewundere, ist die Leonoren-Ouvertüre Nr. 3 von Beethoven in der Interpretation von Furtwängler, der nach meiner Auffassung der beste Dirigent einiger Symphonien Beethovens und der Werke Wagners ist.

– Mögen Sie Tango? – Und wie! Das ist Musik, die aus meinem Inneren kommt.

– Können Sie Tango tanzen? – Ja. Ich habe ihn als junger Mensch getanzt, obgleich ich die Milonga bevorzugte.

– Ein Werk der Malerei? – Die Weiße Kreuzigung von Marc Chagall.

– Welche Art Filme mögen Sie? – Die von Tita Merello natürlich und die des italienischen Neorealismus, in welchen meine Eltern mich und meine Geschwister eingeführt hatten. Sie ließen nicht einen Film von Anna Magnani und Aldo Fabrizi aus, die sie uns erklärt haben. Auch bei Opern haben sie das übrigens getan: Sie hoben dabei zwei oder drei Dinge hervor, um uns Orientierung zu geben; wir gingen in das Kino unseres Stadtteils, wo hintereinander drei Filme gezeigt wurden.

– Erinnern Sie sich an einen Film besonders? – Babettes Fest, ein dänischer Film neueren Datums, hat mich sehr berührt.
– Ihre bevorzugte Sportart? – Als Junge spielte ich Basketball, aber ich ging auch gerne auf den Fußballplatz zum Zuschauen. Die ganze Familie ging hin, auch meine Mutter, die uns bis 1946 begleitete, um San Lorenzo zu sehen, unsere absolute Lieblingsmannschaft; meine Eltern stammten aus Almagro, dem Viertel des Clubs.
– Erinnern Sie sich an ein besonderes Fußballereignis? – Das brillante Match, das die Mannschaft beim Kampf um die Meisterschaft 1946 spielte. Das Tor von Pontoni, das beinahe einen Nobelpreis verdient hätte. Das waren andre Zeiten. Das schlimmste Schimpfwort, das man einem Schiedsrichter zurief, lautete „fauler, unverschämter Kerl", „Verräter" etc. Das ist gar nichts im Vergleich zu den Zurufen von heute.
– Welche Sprachen sprechen Sie? – Ich radebreche ein wenig Italienisch [in Wirklichkeit konnten wir feststellen, dass er es perfekt spricht]. Und was andere Sprachen betrifft, so müsste ich präzisieren und wegen mangelnder Praxis sagen: „… die ich früher sprach". Französisch zum Beispiel konnte ich ziemlich flüssig sprechen, und mit dem Deutschen kam ich auch zurecht. Mehr schon kostete mich das Englische, besonders die Phonetik, denn ich habe ein schlechtes Gehör. Und natürlich verstehe ich den Dialekt des Piemont, denn dies war der Klang meiner Kindheit."[1]

Biographische Splitter: die Großmutter

Die im Interview angesprochene Großmutter hat eine besondere Bedeutung für Franziskus: Wenn er reist, hat er immer das Brevier im Handgepäck. Zwischen den Seiten bewahrt er das Testament seiner Großmutter und ihre Briefe auf. Es gibt einen, den er überaus schätzt und den sie ihm 1967 anlässlich seiner Priesterweihe schrieb, halb auf Italienisch und halb auf Spanisch: „An diesem wunderbaren Tag, an welchem Du Christus, den Erlöser, in Deinen geweihten Händen halten wirst und an dem sich Dir ein weiter Weg für das allertiefste Apostolat eröffnet, überreiche ich Dir dieses bescheidene Geschenk, das kaum materiellen Wert besitzt, aber von sehr großem geistlichen Wert ist." Und in ihrem Testament ist zu lesen: „Mögen diese meine Enkel, denen ich das Beste meines Herzens gewidmet habe, ein langes und glückliches Leben haben, aber wenn eines Tages der Schmerz, die Krankheit oder der Verlust eines lieben Menschen sie mit Betrübnis erfüllen, dann mögen sie sich daran erinnern, dass ein Seufzer vor dem Tabernakel, wo sich der größte und erhabenste Märtyrer befindet, und ein Blick auf die Muttergottes am Fuß des Kreuzes einen Tropfen Balsam auch auf die tiefsten und schmerzlichsten Wunden fallen lassen können."

Text einer Milonga

Die im Gespräch erwähnte Milonga geht auf den afroamerikanischen Candombe zurück; ihre Liedtexte sind eine Weiterentwicklung der improvisierten *Payadas* der Gauchos, oftmals mit Wechselgesang. Hier ein Beispiel:

„Milonga sentimental“ (Komponist: Sebastián Piana; Textdichter: Homero Manzi, 1931).

Milonga, um dich zu erinnern,
Milonga der Gefühle.
Andere klagen mit Tränen,
ich singe, um nicht zu weinen.
Deine Liebe versiegte plötzlich,
niemals sagtest du warum.
Ich tröste mich mit dem Gedanken,
dass es Verrat der Frau war.
Manns genug, um dich sehr zu lieben,
Manns genug, um dir alles Gute zu wünschen,
Manns genug, um Beleidigungen zu vergessen,
weil ich dir schon verziehen habe.
Vielleicht wirst du es nie erfahren,
vielleicht kannst du es nicht glauben,
vielleicht lachst du darüber,
wenn du mich zu deinen Füßen liegen siehst.
Es ist leicht, mit dem Messer zu stechen,
um einen Verrat zu rächen,
oder mit dem Dolch um eine
Leidenschaft zu wetten.
Aber es ist nicht leicht, die Fesseln einer
leidenschaftlichen Liebe zu durchschneiden,
wenn sie fest um den
Pfahl des Herzens gebunden sind.
Manns genug, um Dich sehr zu lieben …
Milonga, die durch deine Abwesenheit entstand,
Milonga der Erinnerung
Milonga, damit man sie dir niemals
als Ständchen singt.

Damit du mit der Nacht zurückkommst
und mit der Sonne wieder fortgehst.
Um dir manchmal Ja zu sagen
oder Nein zu schreien.
Manns genug, um Dich sehr zu lieben …

Das Lied erzählt davon, dass es geschaffen wurde, um an eine gescheiterte Liebesbeziehung zu erinnern, ein steter Topos der Tango-Lyrik. Während in der Tango-Poesie das lyrische Ich in machistischem Selbstmitleid verharrt (und oft aus Kummer „stirbt"), findet es in der Milonga-Lyrik im beschwingten Rhythmus dieses musikalischen Genres Trost, um immer wieder über ein Scheitern hinwegzukommen: „Yo canto por no llorar (Ich singe, um nicht zu weinen)."

Insofern kann man die Milonga als die fröhlichere Schwester des Tangos bezeichnen. Es ist ein Lied einer verarbeiteten Krise, letztlich ein Lied der Auferstehung.

Der Mensch hinter dem Amtsträger wird in diesen wenigen Zeilen und Selbstaussagen spürbar. Was ist von einem solchen Papst zu erwarten? Er wurde sehr schnell zur Projektionsfläche von Hoffnungen für die einen und von Ängsten für die anderen. Was lässt sich nach den ersten Jahren sagen?

Keine kirchliche Nabelschau

Da ist zum einen seine Rede im Vorkonklave, die die Kardinäle wohl mächtig beeindruckt hat. Er liefert eine eigene Interpretation von Evangelisierung als Daseinsgrund der Kirche: „Evangelisierung setzt apostolischen Eifer voraus, Evangelisierung setzt in der Kirche den Freimut (parrhesia) voraus, aus sich selbst herauszugehen (salir de sí misma). Die Kirche ist aufgerufen, aus sich selbst herauszugehen und *zu den Peripherien* zu gehen, nicht nur an die geographischen, sondern auch an die *existentiellen Peripherien*. Die des Mysteriums der Sünde, die des Schmerzes, die der Ungerechtigkeit, die der Ignoranz, der religiösen Nichteinhaltung, die des Denkens, die jeglichen Elends."[2] Evangelisierung hat zunächst eine Voraussetzung: den Freimut zur Exzentrik. Das Zentrum liegt nicht in der Kirche, sondern an den Peripherien, sowohl geografisch als auch existentiell. Das Gegenteil der missionarischen Exzentrik ist die unfruchtbare Selbstbezüglichkeit und Selbstbespiegelung: „Wenn die Kirche nicht aus sich selbst herausgeht, um zu evangelisieren, bleibt sie *selbstbezüglich* (autorreferencial) und wird dann krank (cf. die in sich verkrümmte Frau des Evangeliums). Die Übel, die sich im Lauf der Zeit in den kirchlichen Institutionen entwickeln, haben ihre Wurzel in der Selbstbezüglichkeit (autorreferencialidad), eine Art (surte) theologischer Narzissmus." Franziskus bezieht sich hier auf die Stelle Lk 13,10–17. Von der gekrümmten Frau wird gesagt, dass sie sich nicht mehr aufrichten und nicht mehr auf das Ganze blicken kann. Die Kirche wird zu einer solchen Frau, wenn sie sich nur auf sich selbst bezieht und nicht aufs Ganze blickt. Franziskus erweitert diese Sicht noch mit einer Referenz auf die Johannes-Apokalypse: „In der Apokalypse sagt Jesus, dass er an der Tür steht und anklopft. Offensichtlich bezieht sich der Text darauf, dass er von außen klopft um einzutreten … Aber ich denke an die Male, wenn Jesus von innen klopft, daran, damit wir ihn herausgehen lassen. Die selbstbezügliche (autorreferencial) Kirche beansprucht (pretende) Jesus Christus für sich drinnen und lässt ihn nicht nach außen treten." Die Anrede an die Gemeinde von Laodizea, die als lau beschrieben wird, weder heiß noch kalt (Offb 3,14–22), wendet Franziskus auf die Kirche an und dreht das Bild um: Sie hat Jesus eingesperrt, er klopft nicht von außen, sondern von innen, und möchte zu den Menschen gehen. Die Kirche beansprucht ihn nur für sich selbst.

Kirche ist relativ

Eine solche selbstbezügliche Kirche kreist nur um sich selbst und verfehlt sich dadurch, denn ihr Auftrag ist ihre Relativität, ihre Bezogenheit auf Christus und die Menschen und nicht ihre Selbstverabsolutierung. In dieser Passage des Textes hat sich allerdings ein gravierender Übersetzungsfehler der Rede eingeschlichen. Es ist vom „Geheimnis des Lichtes" die Rede, es muss jedoch heißen „Geheimnis des Mondes": „Wenn die Kirche selbstbezüglich (autorreferencial) ist, ohne es zu merken, glaubt sie, dass sie ihr eigenes Licht hat; sie hört auf, das „mysterium lunae" (Geheimnis des Mondes) zu sein, und gibt jenem schwerwiegenden Übel der *geistlichen Mundanität* Raum (nach de Lubac das schlimmste Übel, das über die Kirche hereinbrechen kann), die dann lebt, damit man sich wechselseitig wichtig nimmt." Franziskus knüpft hier an die lunare Ekklesiologie der Kirchenväter an: Kirche ist nicht die Sonne, sondern der Mond, sie bezieht ihr Licht nicht von sich selbst, sondern von der Sonne Christus: „Vereinfacht gesagt, gibt es zwei Bilder von Kirche: die evangelisierende Kirche, die aus sich heraustritt (sale de sí); die das

Wort Gottes ehrfürchtig hört und es treu verkündet (*Dei verbum religiose audiens et fidenter proclamans*); oder die mundane Kirche, die in sich, von sich und für sich lebt." Die Metapher der „Ent- und Verweltlichung" bekommt hier eine ganz neue Konnotation: Kirche ist dann verweltlicht, wenn sie Jesus für sich behält, ihn der Welt vorenthält. Entweltlichung ist ihre Zentrierung in Jesus und ihre Verausgabung für die Menschen. Von hier aus kann und muss über „Entweltlichung" ganz neu nachgedacht werden.

Auch der angesprochene Henri de Lubac sollte neu in die Diskussion gebracht werden; er hat in seiner Betrachtung über die Kirche unterschieden zwischen zwei Glaubensformen: den Glauben an Gott und den Glauben der Kirche.[3] „Credo ecclesiam" macht deutlich, dass wir nicht an die Kirche glauben, sondern die Kirche glauben als Konsequenz des Gottesglaubens. Diese geglaubte Kirche aber bleibt immer reformabel und vorläufig. Oder wie es Bischof Kamphaus einmal klassisch formuliert hat: „Die Kirche vergeht, das Reich Gottes kommt – Gott sei Dank!" Jeglichem Ekklesiozentrismus ist damit ein Riegel vorgeschoben.

Eine neue Konzilsdeutung

Das Pontifikat von Papst Benedikt war geprägt von seiner Sorge um die richtige Rezeption des Zweiten Vatikanischen Konzils. Immer wieder betonte er, dass vor allem der „Geist des Konzils" oder „das Ereignis Konzil" in den Vordergrund gerückt werde, aber nicht die Texte des Konzils. Er hat zwischen einer Hermeneutik der Diskontinuität und des Bruchs („die Kirche nach dem II. Vatikanum sei eine andere als die vor dem II. Vatikanum“) und einer Hermeneutik der Reform („die Kirche nach dem II. Vatikanum sei keine neue, sondern nur eine erneuerte Kirche“) unterschieden. In seiner letzten Ansprache vor dem Klerus der römischen Diözese hat er das wahre Konzil vom Konzil der Medien abgehoben. Das wahre Konzil werde sich immer mehr durchsetzen. Papst Franziskus hat nicht von ungefähr am Geburtstag von Papst em. Benedikt XVI. am 16. April in seinem Morgengottesdienst das Thema des Zweiten Vatikanischen Konzils aufgegriffen: „Der Heilige Geist drängt zum Wandel, und wir sind bequem.“ Papst Franziskus hat in seiner Predigt deutlich Stellung bezogen und die mangelhafte Umsetzung des Zweiten Vatikanischen Konzils beklagt. Das sei vor allem ein geistliches Problem: „Um es klar zu sagen: Der Heilige Geist ist für uns eine Belästigung. Er bewegt uns, er lässt uns unterwegs sein, er drängt die Kirche, weiter zu gehen. Aber wir sind wie Petrus bei der Verklärung, ‚Ah, wie schön ist es doch, gemeinsam hier zu sein.‘ Das fordert uns aber nicht heraus. Wir wollen, dass der Heilige Geist sich beruhigt, wir wollen ihn zähmen. Aber das geht nicht. Denn er ist Gott und ist wie der Wind, der weht, wo er will. Er ist die Kraft Gottes, der uns Trost gibt und auch die Kraft, vorwärts zu gehen. Es ist dieses ‚vorwärts gehen‘, das für uns so anstrengend ist. Die Bequemlichkeit gefällt uns viel besser.“

Den Heiligen Geist nicht zähmen

Wir seien heute viel zu zufrieden mit der angeblichen Anwesenheit des Heiligen Geistes in seiner Kirche, und diese Zufriedenheit sei eine Versuchung: „Das Konzil war ein großartiges Werk des Heiligen Geistes. Denkt an Papst Johannes: Er schien ein guter Pfarrer zu sein, aber er war dem Heiligen Geist gehorsam und hat dieses Konzil begonnen. Aber heute, 50 Jahre danach, müssen wir uns fragen: Haben wir all das getan, was uns der Heilige Geist im Konzil gesagt hat? In der Kontinuität und im Wachstum der Kirche, ist da das Konzil zu spüren gewesen? Nein, im Gegenteil: Wir feiern dieses Jubiläum und es scheint, dass wir dem Konzil ein Denkmal bauen, aber eines, das nicht unbequem ist, das uns nicht stört. Wir wollen uns nicht verändern und es gibt sogar auch Stimmen, die gar nicht vorwärts wollen, sondern zurück: Das ist dickköpfig, das ist der Versuch, den Heiligen Geist zu zähmen. So bekommt man törichte und lahme Herzen."

Hier kommt eine deutliche Kritik am Stil des Konzilsjubiläums zum Ausdruck: es werde memorialisiert, aber sein Geist werde nicht weitergeschrieben. Es gebe sogar Kräfte, die hinter das Konzil zurück wollten. Diese wenigen Andeutungen machen klar, wo sich Franziskus positioniert. Dazu passt auch sein persönlicher Stil: Er setzt bewusste Zeichen der Bescheidenheit, der Kommunikation, der Nähe und der Menschlichkeit. Sein persönlicher Stil zeigt Wirkung. Kardinal Ravasi erzählt, dass ihm ein Taxifahrer gesagt habe: „Ich bleibe weiter Agnostiker, aber ich glaube jetzt an den Heiligen Geist. Dass die Kardinäle diesen Mann zum Papst wählen konnten, grenzt für mich an ein Wunder."

Erinnerungen an Papst Johannes XXIII.

Eine im *Geistlichen Tagebuch* von Papst Johannes XXIII. immer wieder beschriebene Haltung ist seine Einfachheit. „Je älter ich werde, desto mehr konstatiere ich die Würde und die überwältigende Schönheit der Einfachheit, sowohl im Denken wie im Tun und Reden. Es läutert sich die Tendenz heraus, alles zu vereinfachen, das verwickelt ist: alles auf die höchstmögliche Ursprünglichkeit und Klarheit zurückzuführen, ohne mich von Lappalien und künstlichen Winkelzügen in Gedanken und Worten gefangen nehmen zu lassen."[4]

Wohl am besten begriffen hat diese Hintergründe ein einfaches römisches Zimmermädchen. Die Politologin Hannah Arendt hat in ihrer Rezension zum geistlichen Tagebuch Folgendes berichtet: Beim Tod Johannes' XXIII. sei sie in einem Hotel in Rom gewesen. Als die Nachricht über den Fernsehschirm lief, rief ein römisches Mädchen, das gerade beim Saubermachen ihres Zimmers war, aus: „Gnädige Frau, dieser Papst war wirklich ein Christ. Wie ist das möglich und wie konnte ein wirklicher Christ auf dem Heiligen Stuhl zu sitzen kommen? Musste er denn nicht zuerst zum Bischof und zum Erzbischof und Kardinal ernannt werden, bevor er schließlich zum Papst gewählt wurde? Hatte denn keiner eine Ahnung, wer er war?"[5] Dieses Mädchen spürte das Geheimnis von Johannes XXIII. sehr genau: Es war seine Furchtlosigkeit vor dem Tod, seine Einfachheit, seine Gelassenheit, sein unverstelltes, von keinem Karrieregedanken angekränkeltes Christsein. Ihr Problem war nur: Wie konnte so einer Papst werden? Die Kardinäle haben diese Frage für den jetzigen Papst beantwortet: Sie wollten genau so einen zum Papst. Aber wussten sie wirklich, wer er ist?

Bereits am 3. Juni 2013, dem 50. Todestag von Johannes, empfing Papst Franziskus Gläubige aus der Diözese Bergamo, aus der Johannes XXIII. stammt. Franziskus schildert nicht nur lebhaft seine Erinnerung an diesen Tag, er gibt vor allem eine ganz persönliche Charakteristik seines Vorgängers: „Wer wie ich ein gewisses Alter erreicht hat, erinnert sich noch lebhaft an die Betroffenheit, die in jenen Tagen überall zu spüren war: Der Petersplatz war zu einem Wallfahrtsort unter freiem Himmel geworden, der Tag und Nacht Gläubige jeden Alters und Standes in Sorge und Gebet für die Gesundheit des Papstes aufnahm. Die ganze Welt betrachtete Papst Johannes als einen Hirten und einen Vater. Einen Hirten, weil er Vater war. Was hatte ihn dazu gemacht? Wie hat er es geschafft, die Herzen so unterschiedlicher Menschen zu erreichen, selbst diejenigen vieler Nicht-Christen? Um diese Frage zu beantworten, können wir uns auf seinen bischöflichen Wahlspruch berufen: *oboedientia et pax*, Gehorsam und Frieden. Ich möchte beim Frieden beginnen, denn das ist der offenkundigste Aspekt, derjenige, den die Menschen an Papst Johannes wahrgenommen haben: Angelo Roncalli war ein Mann, der die Fähigkeit besaß, den Frieden zu vermitteln; einen ganz natürlichen Frieden, gelassen und herzlich; einen Frieden, der sich nach seiner Wahl zum Papst der ganzen Welt zeigte und dem der Name der Güte verliehen wurde. Es ist sehr schön, einen Priester zu finden, einen guten Priester, der gütig ist …

Und das ist das Wesentliche. Er ist ein Vater. Ein Priester, der gütig ist. Es steht ganz außer Zweifel, dass das ein ganz charakteristischer Zug seiner Persönlichkeit war, der es ihm gestattete, überall dauerhafte Freundschaften zu schließen, und der vor allem in seinem Amt als Päpstlicher Nuntius zutage trat, einem Amt, das er fast 30 Jahre lang ausübte und bei dem er oft mit Kreisen und Realitäten in Kontakt kam, die unendlich weit von jenem katholischen Universum entfernt waren, in dem er geboren und aufgewachsen war. Er erwies sich gerade in diesen Milieus als höchst erfolgreich darin, Verbindungen zu knüpfen und Einheit zu schaffen, innerhalb und auch außerhalb der kirchlichen Gemeinschaft, offen auch für den Dialog mit Christen anderer Kirchen, mit Vertretern des Judentums und des Islam und mit vielen anderen Menschen guten Willens. In Wirklichkeit übermittelte Papst Johannes Frieden, weil sein Gemüt zutiefst im Frieden war: Er hatte sich vom Heiligen Geist befrieden lassen. Und dieses friedvolle Gemüt war das Ergebnis einer langen, anspruchsvollen Arbeit an sich selbst, einer Arbeit, von der sich reichlich Spuren im *Geistlichen Tagebuch* finden. Wir können dort den Seminaristen, den Priester, den Bischof Roncalli dabei sehen, wie er sich auf dem Weg der allmählichen Läuterung des Herzens abmüht. Wir sehen ihn Tag für Tag, wie er Acht gibt, die dem Egoismus entsprungenen Wünsche zu erkennen und abzutöten; wie er sich bemüht, die Inspirationen des Herrn zu erkennen, sich leiten zu lassen von weisen geistlichen Leitern und sich inspirieren zu lassen von Meistern wie dem hl. Franz von Sales und dem hl. Karl Borromeo. Wenn wir diese Schriften lesen, sehen wir, wie diese Seele vor unseren Augen Gestalt annimmt unter der Anleitung des Heiligen Geistes, der in seiner Kirche, in den Seelen wirkt: genau er war es, der ihm unter diesen guten Voraussetzungen den Frieden der Seele geschenkt hat.

Und hier kommen wir zum zweiten und entscheidenden Wort: ‚Gehorsam'. Wenn der Frieden seine äußere Charakteristik war, so stellte der Gehorsam für Roncalli die innere Haltung dar: Der Gehorsam war in Wirklichkeit das Werkzeug, um den Frieden zu erlangen. Er hatte zunächst eine ganz einfache und konkrete Bedeutung: in der Kirche die Aufgaben erfüllen, die die Vorgesetzten ihm aufgetragen hatten, ohne dabei eigene Interessen zu verfolgen, sich vor nichts von dem zu drücken, was von ihm verlangt wurde, auch wenn das bedeutete, dass er seine Heimat verlassen und sich mit ihm völlig fremden Welten auseinandersetzen musste und jahrelang an Orten zu leben, wo es kaum Katholiken gab. Diese Bereitschaft, sich wie ein Kind führen zu lassen, prägte den Weg, den er als Priester durchlief und den ihr bestens kennt, vom Sekretär von Bischof Radini Tedeschi und gleichzeitigen Dozenten und geistlichen Vater im Diözesanseminar angefangen bis hin zum Päpstlichen Nuntius in Bulgarien, in der Türkei und Griechenland, in Frankreich, als Hirte der Kirche von Venedig und schließlich als Bischof von Rom. Durch diesen Gehorsam hat der Priester und Bischof Roncalli allerdings auch eine noch tiefere Treue gelebt, die wir, wie er es ausgedrückt hätte, als Hingabe an die göttliche Vorsehung bezeichnen könnten. Er hat im Glauben immer erkannt, dass durch diesen Lebensweg – der allem Augenschein nach von anderen und nicht von seinen eigenen Vorlieben oder ausgehend von seiner persönlichen spirituellen Sensibilität gelenkt wurde – Gott seinen eigenen Plan verwirklichte. Er war ein Mann der Leitung, eine Führernatur. Aber ein Führer, der selbst im Gehorsam vom Heiligen Geist geführt wurde …

Und das ist eine Lehre für einen jeden von uns, ebenso aber auch für die Kirche unserer Zeit: Wenn wir es verstehen, uns vom Heiligen Geist führen zu lassen, wenn wir es verstehen, unseren Egoismus abzutöten, um Raum zu schaffen für die Liebe des Herrn und für seinen Willen, dann finden wir den Frieden, dann werden wir Werkzeuge des Frieden sein können und Frieden um uns verbreiten. 50 Jahre nach seinem Tod sind die weise und väterliche Führung durch Papst Johannes, seine Liebe zur Tradition der Kirche und das Wissen um die unablässige Notwendigkeit des ‚Aggiornamento', die prophetische Intuition der Einberufung des Zweiten Vatikanischen Konzils und das Opfer seines eigenen Lebens für dessen gutes Gelingen weiterhin Meilensteine in der Geschichte der Kirche des 20. Jahrhunderts und ein klarer Orientierungspunkt für den Weg, der vor uns liegt."

Eine Liebeserklärung an Papst Johannes ist diese Ansprache an seine Diözesanen. Aber mehr als das: Es ist ein deutlicher Hinweis, dass er selber in der Spur dieses Vorgängerpapstes gehen will.

Papst Franziskus – der Jesuit

Papst Franziskus ist nach dem Kamaldulensermönch Gregor XVI., der 1831 gewählt wurde, wieder ein Ordensmann als Papst. Dieser war vor allem geprägt durch seine defensive Haltung der Welt gegenüber. Die Enzyklika „Mirari vos", die Meinungsfreiheit und Pressefreiheit verurteilte und das ganze Jahrhundert prägen sollte, ist ein sprechendes Beispiel für den Geist dieses Pontifikats.

Papst Franziskus ist der erste Jesuit auf dem Papstthron. Viele hatten erwartet, er würde sich vielleicht Papst Clemens XV. nennen. Clemens XIV. hatte 1773 den Jesuitenorden aufgehoben – wäre das jetzt nicht eine Gelegenheit zum „Rollback"?

Doch Franziskus bezieht sich auf den Ordensgründer Ignatius und beherzigt seine Maxime: „Non coerceri a maximo, sed contineri a minimo divinum est." Tagtäglich die großen und die kleinen Dinge des Alltags mit einem großen und für Gott und für die anderen offenen Herzen zu erledigen, so übersetzt Franziskus diese Maxime. Das heißt für ihn: die kleinen Dinge wertzuschätzen im Horizont des Reiches Gottes.

Zum anderen sieht er den Jesuitenorden als exemplarische Verwirklichung einer dezentrierten Kirche. Die Gesellschaft Jesu darf nicht ihre eigene Struktur in den Mittelpunkt stellen, das macht sie selbstgenügsam und egozentrisch. Sie muss vielmehr den „Deus semper maior" vor sich haben, das führt sie aus sich heraus an die Grenzen, an die Ränder der Gesellschaft.

Und es gibt für Franziskus viele Grenzen. Eine für ihn biografisch wichtige Grenzerfahrung war die Begegnung mit einer Krankenschwester: „Denken wir an die Schwestern, die in den Kliniken arbeiten: Sie leben an Grenzen. Dass ich noch lebe, verdanke ich einer von ihnen. Als ich im Krankenhaus Probleme mit der Lunge hatte, gab mir der Arzt Penicillin und Streptomycin in bestimmten Dosen. Die Schwester, die ich hatte, hat die Dosis verdreifacht, denn sie hatte ein Gespür dafür. Sie wusste, was sie tun sollte, denn sie war den ganzen Tag bei den Kranken. Der Arzt, der wirklich tüchtig war, lebte in seinem Laboratorium, die Schwester lebte an der Grenze und sprach den ganzen Tag mit der Grenze."[6] Diese Lebenserfahrung wurde für Franziskus auch zur Kirchenerfahrung: Kirche kann im Labor bleiben, Regeln hüten und Gesetzmäßigkeiten aufstellen. Sie kann aber auch mit diesen Regeln so umgehen, dass sie für Menschen nicht nur nützlich, sondern lebensrettend sind. Tradition und Erinnerung müssen den Mut ausprägen helfen, neue Räume und Erfahrungen für heute zu erschließen: Wer immer auf disziplinäre Lösungen setzt, die Sicherheit in der Lehre sucht, macht den Glauben zur Ideologie.

Verhaltene Reaktion der Jesuiten auf die Wahl ihres Mitbruders

Die Reaktionen der Jesuiten auf die Wahl ihres Mitbruders waren durchaus gemischt. Martin Maier SJ, der Lateinamerikaexperte des Ordens, der heute in Brüssel lebt, hält fest: „Persönlich habe ich ihn nie kennengelernt, doch in Lateinamerika habe ich einiges über ihn gehört, und zwar eher Zwiespältiges: auf der einen Seite seine Radikalität und Glaubwürdigkeit, auf der anderen Seite, dass er die argentinische Jesuitenprovinz polarisierte, ja spaltete.

Meine erste Reaktion auf seine Wahl: Ich war schockiert. In unseren Ordenskonstitutionen, unserem Bauplan ist es nicht vorgesehen, dass ein Jesuit Papst wird. Wir legen sogar ein eigenes Gelübde ab, nicht nach kirchlichen Ämtern und Würden zu streben. Dann gibt es noch das besondere Papstgelübde der Professen, das sich auf die Sendungen bezieht: Der Papst kann demnach einem Jesuiten ganz persönlich oder dem Orden insgesamt einen besonderen Auftrag geben. Wie würde das gehen, wenn ein Jesuit Papst ist?“

Doch der erste Schock wurde bald schon von einer Reihe von positiven Überraschungen abgelöst durch die vielen Zeichen und Gesten, mit denen dieser Papst einiges anders machte als seine Vorgänger. Schließlich kam er in eine Phase der Hoffnung, dass Papst Franziskus längst überfällige Veränderungen und Reformen im Geist des Zweiten Vatikanischen Konzils und im Geist des Evangeliums in die Kirche bringt.

In zahlreichen Äußerungen und Interviews als Papst lässt er keine Zweifel daran, dass seine geistlichen Wurzeln in der ignatianischen Spiritualität liegen.

Franziskus und die ignatianische Spiritualität[7]

Die ignatianische Spiritualität geht auf Ignatius von Loyola, den Gründer des Jesuitenordens, zurück. 1491 in eine baskische Adelsfamilie geboren, strebte er nach einer höfischen und militärischen Karriere. Bei der aussichtslosen Verteidigung der Festung von Pamplona gegen die Franzosen zertrümmerte ihm eine Kanonenkugel den Unterschenkel und zwang ihn auf ein langes Krankenlager. Er schwebte eine Zeitlang zwischen Leben und Tod. Während der langwierigen Genesung fängt er an, sich selbst zu beobachten. Genauer: Er registriert unterschiedliche Regungen, Stimmungen – *mociones* nennt er das auf Spanisch – in sich. Er liest Ritterromane und begeistert sich für die Heldentaten der Ritter, die er nachahmen möchte. Doch dann stellt er fest, dass nach einer anfänglichen Begeisterung ein schaler Nachgeschmack bleibt.

Nachdem die Ritterromane im Schloss von Loyola ausgelesen sind, greift er mehr der Not gehorchend zu Heiligengeschichten. Bei der Vorstellung, die Heiligen – den heiligen Franziskus oder den heiligen Dominikus – nachzuahmen, empfindet er dauerhaft positive *mociones*. Später, in den Exerzitien, wird er das *consolación*, Trost, nennen. Das sind die tiefsten Wurzeln ignatianischer Spiritualität. Ignatius entdeckt die Unterscheidung der Geister. Dabei geht er davon aus, dass im Menschen unterschiedliche Kräfte wirken: die einen aufbauend, lebensfördernd und dauerhaft zum Glück führend; die anderen destruktiv, lebenshemmend und ins Unglück führend. Ignatius bringt die positiven Kräfte mit dem „guten Geist", mit Gott und mit Jesus in Verbindung, die negativen mit dem „bösen Geist" und dem Teufel. Das erklärt auch, warum Papst Franziskus relativ häufig und vorreflexiv vom Teufel spricht.

Eine Voraussetzung der Unterscheidung der Geister ist, dass Gott mit dem Menschen in Beziehung steht, ihm seinen Willen nicht verbirgt. Deshalb lautet eine Kurzformel ignatianischer Spiritualität: den Willen Gottes suchen und finden. Dieser Wille Gottes zeigt sich in den inneren Regungen und Bewegungen, den *mociones*. Doch dafür braucht es differenzierte Regeln zur Unterscheidung der Geister, ein Kernstück der Exerzitien.

Die Kunst der Unterscheidung der Geister besteht darin, diese unterschiedlichen Kräfte wahrzunehmen und auf ihren Ursprung und ihr Ziel hin zu untersuchen. Dies steht im Zentrum der „Geistlichen Übungen" des Ignatius, der Exerzitien. „Trost" und „Trostlosigkeit" weisen die Richtung für richtige Entscheidungen. In insgesamt 24 Regeln zur Unterscheidung der Geister gibt Ignatius differenzierte Anhaltspunkte, aus den unterschiedlichen inneren Stimmungen die richtigen Schlussfolgerungen zu ziehen. Wichtig sind im Prozess der Exerzitien neben intensiven Gebetszeiten auch die regelmäßigen Gespräche mit einem erfahrenen Begleiter.

Ignatius von Loyola hat die menschliche Freiheit so ernst genommen, dass man ihn sogar als „Existentialist vor der Zeit" bezeichnet hat. An den Anfang des Hingabegebetes in den Exerzitien stellt er bewusst die Freiheit: „Nimm hin Herr, und empfange meine ganze Freiheit, mein Gedächtnis, meinen Verstand und meinen ganzen Willen, all mein Haben und mein Besitzen. Du hast es mir gegeben; Dir, Herr, gebe ich es zurück. Alles ist Dein, verfüge ganz nach Deinem Willen. Gib mir nur Deine Liebe und Deine Gnade, das ist mir genug."

Das Exerzitienbuch ist eine Art Anleitung, den Willen Gottes zu suchen und zu finden. Karl Rahner hat die Theologie der Exerzitien als „Aussage von Heils*geschichte*", in der Gott je neu und unberechenbar mit dem Menschen handelt, verstanden.

Im Brief an seinen Bruder Hugo zu dessen 65. Geburtstag formuliert Karl Rahner, „dass unser Vater (gemeint ist Ignatius) nicht nur ein sehr frommer Mann war (was eben zu jedem Heiligen gehört), sondern mit ihm eine neue Theologie anfängt, gelebt zu werden, die in theologischer Reflexion einzuholen eine noch nicht bewältigte Aufgabe ist, eine Aufgabe, deren Gelingen sehr wesentlich das Schicksal der katholischen Theologie der Zukunft mitentscheiden wird.“[8]

In diese Tradition stellte sich auch Papst Franziskus in seiner Ansprache an die Jesuiten der italienischen Zeitschrift *La Civiltà Cattolica* am 14. Juni 2013: „Ein Schatz der Jesuiten ist die geistliche Unterscheidung, die danach strebt, die Gegenwart des Geistes Gottes in der menschlichen und kulturellen Wirklichkeit zu erkennen, den bereits gepflanzten Samen seiner Gegenwart in den Ereignissen, in den Sensibilitäten, in den Wünschen, in den tiefen Spannungen der Herzen und der sozialen, kulturellen und geistlichen Umfelder.“

Noch einmal Papst Franziskus: „Die Unterscheidung erfolgt immer in der Gegenwart des Herrn, indem wir auf die Zeichen achten, die Dinge, die geschehen, hören, mit den Menschen, besonders mit den Armen, fühlen. Meine Entscheidungen, auch jene, die mit dem normalen Alltagsleben zu tun haben, wie die Benützung eines einfachen Autos, sind an eine geistliche Unterscheidung gebunden, die auf ein Erfordernis antwortet, das durch die Umstände, die Menschen und durch das Lesen der Zeichen der Zeit entsteht. Die Unterscheidung im Herrn leitet mich in meiner Weise des Führens.“

Gottes Geist und sein Wirken betreffen also nicht nur die geistliche Innerlichkeit, sondern auch die soziale und kulturelle Wirklichkeit. Gott möchte den Menschen nicht nur in seiner Innerlichkeit berühren, sondern auch die soziale und geschichtliche Wirklichkeit verändern, gerechter, menschlicher und damit auch göttlicher machen.

Dafür ist in den Exerzitien die Betrachtung der Menschwerdung von zentraler Bedeutung (GÜ 101–109).[9] Die göttlichen Personen sehen in einem ersten Schritt die katastrophale Situation von Welt und Menschheit. Sie urteilen (nicht im Sinn von verurteilen!) im zweiten Schritt, dass hier etwas geschehen muss. Und sie beschließen im dritten Schritt etwas zu tun, nämlich die Erlösung der Menschen durch die Menschwerdung des Sohnes.

Im spanischen Urtext heißt diese Stelle: „Hagamos redención" – „Machen wir Erlösung". Die göttlichen Personen werden von Mitleid angerührt bei all dem Leiden und Unglück, das sie sehen. Und sie sind entschlossen: So können wir das nicht weiterlaufen lassen. Wir müssen etwas tun. Sie beschließen die Menschwerdung der zweiten Person, „um das Menschengeschlecht zu retten". Diesem Beschluss folgt unmittelbar die Sendung des Engels Gabriel: Die Menschwerdung nimmt ihren Anfang im ganz Kleinen, Geringen, Armen, in der Kammer von Maria in Nazareth. Damit ist die Grundbewegung der Inkarnation vorgezeichnet: vom göttlichen Reichtum in die menschliche Armut, von der Allmacht in die Machtlosigkeit.

Dem armen und demütigen Jesus nachfolgen

Das Thema der Armut ist bei Ignatius zentral. Die zweite Woche der Exerzitien will dazu hinführen, dem „armen und demütigen Jesus“ nachzufolgen, um an seinem Erlösungswerk mitzuwirken. So lädt Ignatius im Anschluss an die Betrachtung der Menschwerdung ein, die Heilige Familie zu betrachten, das heißt „schauen und erwägen, was sie tun, wie etwa das Wandern und Sich-Mühen, damit der Herr in höchster Armut geboren werde und damit er am Ende so vieler Mühen in Hunger, in Durst, in Hitze und in Kälte, in Beleidigungen und Anfeindungen am Kreuz sterbe; und dies alles für mich“ (GÜ 116).

Entscheidend ist für Ignatius die persönliche Nachfolge: Jesus hat in Armut gelebt, und darin möchte er ihm ähnlich werden. So heißt es im Ruf des Königs: „Deshalb muss, wer mit mir kommen will, zufrieden sein, zu essen wie ich und genauso zu trinken und sich zu kleiden usw.“ (GÜ 93). Die Antwort darauf im Angebot an Christus lautet dementsprechend: „Euch darin nachzuahmen, alle Beleidigungen und alle Schmach und alle sowohl aktuale wie geistliche Armut zu erdulden“ (GÜ 98).

In den „Regeln für den Dienst der Almosenverteilung“ wird exemplarisch deutlich, dass Richtschnur und Kriterium für das Handeln Jesus ist: „Aus den bereits genannten Gründen und aus vielen anderen ist es immer besser und sicherer, je mehr man sich in dem, was die eigene Person und den eigenen Hausstand angeht, einschränkt und vermindert und je mehr man sich unserem Hohenpriester annähert, unserem Vorbild und unserer Regel, nämlich Christus unserem Herrn“ (GÜ 344). Ignatius erinnert an das Konzil von Karthago, das unter Anwesenheit des heiligen Augustinus verordnet habe, „dass der Hausrat des Bischofs gering und arm sei“ (GÜ 344). Schließlich erwähnt er als Beispiel für den Ehestand den heiligen Joachim und die heilige Anna, die ein Drittel ihres Vermögens den Armen gaben, ein weiteres Drittel für die Verwaltung und den Dienst des Tempels und den Rest für den Unterhalt ihrer Familie.

Die Liebe mehr in die Werke als in die Worte legen – der Primat der Praxis

Die Wahrheit des Evangeliums muss „getan" werden. Man erkennt Jesus dadurch, dass man ihm nachfolgt. Die Nachfolge verwandelt eine erkenntnisrelevante Kategorie in ein grundlegendes hermeneutisches Prinzip. In der Betrachtung zur Erlangung der Liebe der vierten Exerzitienwoche unterstreicht Ignatius, „dass die Liebe mehr in die Werke als in die Worte gelegt werden muss". Man kann hier vom Primat der Praxis sprechen.

Ignacio Ellacuría rechtfertigt die der Theologie der Befreiung eigene Unterordnung der Orthodoxie unter die Orthopraxie mit dem ignatianischen und letztlich evangeliumsgemäßen Prinzip, dass die Liebe mehr in die Werke als in die Worte gelegt werden muss. Dem entspricht auch die Kurzformel der ignatianischen Spiritualität des „contemplativus in actione". Ellacuría erweitert die ignatianische Formel in „contemplativus in actione iustitiae": „Eine Kontemplation … in der Aktion der Gerechtigkeit ist der christliche Weg, zu Gott zu finden und Gott zu den Menschen zu bringen." Ignatianische Spiritualität möchte dazu helfen, Gott in allen Dingen zu finden und das alltägliche Leben am Geist des Evangeliums auszurichten.

Das unterstreicht auch Papst Franziskus: „Ignatius ist ein Mystiker, kein Asket. Ich ärgere mich, wenn ich jemanden sagen höre, die Geistlichen Übungen seien nur dann ignatianisch, wenn sie schweigend vollzogen werden. In Wirklichkeit können auch Exerzitien, die mitten im Lebensalltag und nicht schweigend vollzogen werden, vollkommen ignatianisch sein." Dementsprechend sagt er über das Gebet: „Ich bete jeden Morgen das Offizium. Ich bete gern mit den Psalmen. Dann feiere ich die Messe. Ich bete den Rosenkranz. Was ich aber vorziehe, ist die abendliche Anbetung – auch wenn ich zerstreut bin oder an anderes denke oder sogar beim Beten einschlafe. Also abends von sieben bis acht bin ich vor dem Allerheiligsten für eine Stunde der Anbetung. Aber ich bete auch im Geist, wenn ich beim Zahnarzt warte oder bei anderen Gelegenheiten am Tag." Das zeigt die tiefe Prägung von Papst Franziskus durch die ignatianische Spiritualität.

Jesuiten und Päpste: eine Konfliktgeschichte

Papst Franziskus ist der erste Jesuit auf dem Papstthron. Durch seine Namensgebung aber machte er sofort deutlich, dass es um keinen monastischen Egoismus geht. Franziskus und Ignatius werden in seiner Person zusammengeführt und zusammen gelesen.

Dass ein Jesuit Papst wurde, hatte in dieser Situation allerdings auch eine ganz besondere Brisanz. Man muss sich nämlich an die Konfliktgeschichte des Jesuitenordens mit den Vorgängerpäpsten erinnern. Konkret wird sie in der Gestalt des Generaloberen Pedro Arrupe.

Als Arrupe am 22. Mai 1965 zum 28. Generaloberen der Gesellschaft Jesu gewählt wurde, war er völlig überrascht. Ein Mitbruder, der neben ihm saß, gab ihm auf seine Frage, was er jetzt machen solle, die Antwort: „Ein letztes Mal gehorchen." Doch diese Antwort sollte sich nicht bewahrheiten: Arrupe wurde während seines 18jährigen Generalats auf schwere Gehorsamsproben gestellt.

Pedro Arrupe: Gott ist bei denen, die leiden

Wer war dieser Pedro Arrupe? Er wurde am 14. November 1907 in Bilbao als das jüngste von fünf Kindern geboren. Der Vater war Autodidakt, die Mutter Tochter eines Arztes. Pedro begann das Medizinstudium und entwickelte sich zu einem exzellenten Studenten. Ein besonderer Hang zur Musik war ihm eigen, der Opernbesuch gehörte zur fast täglichen Praxis. Auch seine Baritonstimme würde noch oft zum Einsatz kommen, auch später, wenn er als Generaloberer bei bestimmten Anlässen Lieder zum Besten gab.

Doch dann der Bruch.

Ein Freund lädt ihn ein, ein Mitglied der Vinzenz-Konferenz zu werden und arme Familien in den Vorstädten Madrids zu besuchen. Zum ersten Mal in seinem Leben kommt Arrupe mit sozialem Elend und ungerechten Verhältnissen in Berührung: „Ich gestehe unumwunden, das war eine neue Welt für mich. Ich begegnete der schrecklichen Last von Kindern, die nach Brot bettelten und niemand konnte es ihnen geben, und vor allem Kinder, viele Kinder, einige halb verlassen, wurden misshandelt, die meisten ungenügend gekleidet und gewöhnlich alle hungrig."

Er kommt in eine Krise und fragt nach dem Sinn seines Lebens. Eine Frage, die sich nach dem plötzlichen Tod des Vaters verschärft. Im Juli 1926 wird er bei einer Lourdes-

Wallfahrt Zeuge von drei außerordentlichen Heilungen. Das bringt sein Leben in eine völlig neue Bahn: „Ich habe Gott in seinen Wundern so nahe gefühlt, dass er mich gewaltsam zu sich hinzog. Ich habe ihn so nahe gesehen bei denen, die leiden, die weinen, die in diesem Leben verlassen sind und scheitern, dass sich in mir der glühende Wunsch entfachte, ihn nachzuahmen in dieser freudigen Nähe zu denen, die in dieser Welt nichts zählen, die die Gesellschaft verachtet, weil sie nicht einmal ahnt, dass es eine lebendige Seele unter so viel Schmerz gibt.“ Nicht so sehr die Wunder überzeugen Arrupe, sondern die Nähe Gottes zu den Leidenden, die darin zum Ausdruck kommt.

Am 25. Januar 1927 tritt Arrupe in den Jesuitenorden ein. Das Unverständnis seiner Umgebung ist groß, eine große Medizinerkarriere hätte ihm bevorgestanden. Nach seinem Philosophie- und Theologie-Studium wird Arrupe am 30. Juli 1936 zum Priester geweiht. Im selben Jahr schickt ihn sein Provinzial zum Spezialstudium in medizinischer Ethik in die USA.

Am 7. Juni 1938 erreicht ihn der lang ersehnte Brief seines Generaloberen; Arrupes größter Wunsch war es gewesen, nach Japan zu gehen, was aber zunächst abgelehnt wurde: „Nachdem ich es vor Gott erwogen und mit Ihrem Pater Provinzial besprochen habe, habe ich Sie für die Mission nach Japan bestimmt.“ Nach anfänglichen Schwierigkeiten und Inkulturationsproblemen, was Sprache, Essen und Kultur angeht, wird eine Messfeier auf dem Fujiyama zu einer überwältigenden Erfahrung; er lernt den deutschen Jesuiten Hugo Enomiya-Lassalle kennen, einen Brückenbauer zwischen Zen und Christentum und einen exzellenten Cellospieler. Arrupe überrascht Lassalle mit der Bitte, ihn zu seinen Liedern auf dem Cello zu begleiten. Eine tiefe Freundschaft beginnt. Arrupe lässt sich auf die japanische Kultur ein, übt sich im Bogenschießen, in der Teezeremonie, der Zen-Meditation und der japanischen Schreibkunst. Nach dem Eintritt Japans in den Zweiten Weltkrieg wird Arrupe als Spion verdächtigt und verhaftet. Er verbringt Wochen in völliger Unsicherheit und Einsamkeit in einem Militärgefängnis. Diese Zeit wird für ihn zu einer ihn prägenden geistlichen Erfahrung: „Ich lernte die Wissenschaft des Schweigens, der Einsamkeit, einer harten und strengen Einsamkeit, das innere Gespräch mit dem Geist der Seele." Es sollten die lehrreichsten Monate seines Lebens werden.

Arrupe und Pepsi Cola

1942 wird Arrupe in der Nähe von Hiroshima zum Novizenmeister ernannt; am 6. August 1945 wird er Zeuge der Atombombenexplosion. Hiroshima gleicht einem brennenden Inferno: „Die Atombombe hatte auf die Stadt einen Strahl intensiven weißen Feuers geschüttet, und alle Brennstoffe, die damit in Berührung kamen, brannten wie Streichhölzer, die man in einen glühenden Ofen steckt. Als wäre das noch nicht genug, stürzten durch das Beben die Holzhäuser in die Flammen, so dass die Stadt wie ein einziges Großfeuer aussah." Er erinnert sich seiner Arztausbildung, macht aus dem Noviziatsgebäude ein improvisiertes Krankenhaus und nimmt Operationen vor, um den Menschen das Leben zu retten. 1954 wird er Vizeprovinzial der japanischen Provinz, 1958 Provinzial. Die Zahl der Jesuiten wächst von 126 im Jahr 1954 auf 426 im Jahre 1961.

Der rasante Zuwachs erweckt Misstrauen in Rom. Die zentrale Ordensleitung ernennt den holländischen Pater George Kester 1964 zum Visitator. Er muss einen Bericht über die japanische Provinz verfassen. Am 22. Mai 1965 wird Arrupe zum 28. Nachfolger des hl. Ignatius und als zweiter Baske zum Generaloberen der Gesellschaft Jesu gewählt. Die Wahl Arrupes war keineswegs unumstritten. Unter den vier Kandidaten der engeren Auswahl fielen erst im dritten Wahlgang die meisten Stimmen auf Arrupe. Der Kandidat des konservativen Flügels war der Italiener Paolo Dezza, der frühere Rektor der päpstlichen Universität Gregoriana.

Arrupe ändert sofort den Leitungsstil im Orden. Er, der selbst sieben Sprachen spricht, ist ein Mann der Kommunikation. Er sucht den Kontakt zu den Medien und wird ein gefragter Interviewpartner. Er richtet in der Kurie der Jesuiten ein eigenes Kommunikationsreferat ein. Aber auch die Kommunikation nach innen ändert sich: Im Speisesaal der über hundert in der Ordensleitung tätigen Jesuiten wird die alte klassische Sitzordnung durch Sechsertische ersetzt, eine Cafeteria eingerichtet mit einem Getränkeautomaten: *Time Magazine* bringt eine Titelgeschichte mit der Überschrift „Pedro Arrupe und Pepsi Cola“.

Arrupe nimmt an der letzten Sessio des Zweiten Vatikanischen Konzils teil, ebenso an der Zweiten Generalversammlung der Lateinamerikanischen Bischöfe in Medellín (1968). Er sieht in der entstehenden Theologie der Befreiung eine Bestätigung für seinen Einsatz für die weltweite Gerechtigkeit. Am 8. September 1975 beruft er die 32. Generalkongregation der Jesuiten ein. Sie findet vom 1. Dezember 1974 bis zum 7. März 1975 statt. Sie bestimmt die Sendung des Jesuitenordens in der Welt heute: Den Primat haben Glaube und Gerechtigkeit. Dieses Junktim führt zu großen Spannungen: mit den totalitären Regimes in Lateinamerika genauso wie mit der römischen Kurie. Einem Brief des Kardinalstaatssekretärs ist die Sorge abzulesen, dass der neue Akzent auf Förderung der Gerechtigkeit die priesterliche Ausrichtung des Ordens gefährden könnte. Und wirklich, es kommen häufig aus ganz Lateinamerika Beschwerden nach Rom über die zu politische Ausrichtung des Ordens. Anfang 1980 fasst dann Arrupe den Entschluss, entsprechend den neuen Statuten der 31. Generalkongregation aus Altersgründen zurückzutreten.

Verweigerter Rücktritt: Prüfung durch den Papst

Papst Johannes Paul II. erlaubte diesen Rücktritt nicht, er wollte die Jesuiten auf die Probe stellen, ob sie die offene Rebellion wählen würden. Er verbot die Einberufung der nächsten Generalkongregation, da er den Orden als nicht reif genug dafür ansah. Am 7. August 1981 erlitt Pedro Arrupe einen Schlaganfall. Am 6. Oktober besuchte ihn Kardinalstaatssekretär Casaroli und hinterließ auf dem Krankenbett einen Brief von Johannes Paul II. Darin stand, dass er einen persönlichen Delegaten mit allen Vollmachten zur Leitung der Gesellschaft Jesu bestellt habe: Es war der bei der Wahl Arrupes unterlegene Italiener Paolo Dezza. Am 27. Februar empfing der Papst alle Provinziale in Rom und bezeichnete diese Entscheidung als Prüfung. Weil aber sowohl Arrupe als auch der Orden so vorbildhaft gehandelt hätten, stellte er die Einberufung einer neuen Generalversammlung in Aussicht. Diese wurde am 2. September 1983 einberufen und wählte Peter Hans Kolvenbach im ersten Wahlgang zum Nachfolger von Arrupe. Arrupe hatte in den Wochen vor Beginn der 33. Generalversammlung sein persönliches und geistliches Testament formuliert, das er in der Aula verlesen ließ: „Mehr denn je befinde ich mich jetzt in Gottes Hand. Das habe ich mir mein ganzes Leben lang von Jugend auf gewünscht. Nun gibt es allerdings einen Unterschied: Heute liegt die Initiative ganz bei Gott. Mich so völlig in seinen Händen zu wissen und zu fühlen ist wahrhaft eine tiefe geistliche Erfahrung." Und er fügte das Hingabegebet aus den Exerzitien an. Arrupe starb am 5. Februar 1991 in Anwesenheit seines Nachfolgers Kolvenbach.

Franziskus und Arrupe

In vielen Dingen ähnelt Papst Franziskus seinem früheren Ordensgeneral, auch wenn er diesem zunächst skeptisch gegenübergestanden war. Arrupe lebte in persönlicher Anspruchslosigkeit und Armut. Er wusch seine Wäsche selbst, sein Traum war es, mit den Armen in der Via Appia zu wohnen. Er gründete am 14. November 1980 den Jesuiten-Flüchtlingsdienst, um auf die humanitäre Situation der Boatpeople zu reagieren. Hellsichtig sah er die Probleme der Zukunft voraus und forderte eine internationale Lösung. Auf dem Eucharistischen Weltkongress 1976 in Philadelphia bezeichnete er den Rüstungswettlauf als eine universale Schande. 1977 konstatierte er: „Die Reichen werden immer reicher, die Armen immer ärmer; der zahlenmäßige Unterschied zwischen den Reichen und Armen und der qualitative Unterschied ihres Lebensstandards wird ins Gigantische wachsen." Und er formulierte: „Für uns Jesuiten ist Christus zugleich Beispiel, Lebensform und Kraft; und zwar der arme Christus, der Gott dem Vater dient bis zur Hingabe seiner selbst." War das Zentralwort bei Arrupe Gerechtigkeit, so ist das zentrale Wort bei Franziskus Barmherzigkeit.

Für Papst Franziskus war Arrupe vor allem glaubwürdig durch sein Gebet: „Ich erinnere mich, wie er nach Art der Japaner am Boden sitzend lange Zeit im Gebet verbrachte. Dadurch(!) hatte er die richtige Haltung und traf die richtigen Entscheidungen."

Peter Faber SJ: ein Alltagsmystiker

Kurz nach seinem Amtsantritt äußerte Papst Franziskus die Absicht, den ersten Priester der Gesellschaft Jesu, den sel. Peter Faber, heiligzusprechen. Dies erfolgte am 17. Dezember 2013, seinem 77. Geburtstag, nach einem verkürzten Verfahren, das in den letzten Jahren öfter angewendet wurde. Am 3. Januar 2014, dem Patronatsfest der Gesellschaft Jesu, hat der Papst den neuen Heiligen mit einer Messe in der Kirche Il Gesù verehrt. Mit der Eintragung in das Verzeichnis der Heiligen kann Peter Faber in der ganzen Kirche verehrt und gefeiert werden.

Papst Franziskus antwortete auf die Frage, was ihn zur Heiligsprechung bewogen habe: „Der Dialog mit allen, auch den Fernstehenden und Gegnern, die schlichte Frömmigkeit, vielleicht auch eine gewisse Naivität, die unmittelbare Verfügbarkeit, seine aufmerksame innere Unterscheidung, die Tatsache, dass er ein Mann großer und starker Entscheidungen und zugleich fähig war, so sanftmütig zu sein." Und Papst Franziskus betonte zugleich, dass Peter Faber für ihn ein Mystiker sei. Besonders bekannt ist das Bild vom umgekehrten Baum. Als Hirtenknabe dürfte Faber die Meditation von Bäumen vertraut gewesen sein. Am Ostersonntag 1543 brach sich für ihn eine ganz neue Erkenntnis Bahn: „Bisher hast Du mehr Trost an der Größe des aus der göttlichen Gnade erwachsenen Baumes gefunden als in seiner Wurzel, in der doch all seine Kraft liegt." Er habe bisher nur auf die Blätter geschaut, das Laubwerk, die Blüten und die Früchte. Aber diese können auf Dauer keinen Bestand bieten. Es gilt vielmehr auf die Wurzel des Baumes zu schauen. „Und so kehrte der Baum sich um: die Wurzel kam zuoberst zu liegen, sie lässt alle Früchte herunterhängen und flößt ihnen ihre Wurzelkraft von oben nach unten ein." Nun hatte er entdeckt, wo die Mitte ist. Christus verlangt von uns, dass wir unseren Geist immer mehr zum Himmel erheben und dass wir in uns selbst einkehren. Nirgendwo anders ist das Reich Gottes zu suchen als in uns selbst und im Blick nach oben in der Wurzel.

Mit seiner Kanonisation wollte der Papst die Kirche auf einen Priester aufmerksam machen, den er zu seinen eigenen Vorbildern zählt. Er sieht in dem liebenswürdigen Savoyarden ein Genie der Freundschaft, der unermüdlich tätig war und noch unermüdlicher betete, sowie ein Vorbild für alle Seelsorger. Angesichts der sich ausbreitenden Reformation hielt Faber nicht Streitgespräche für das richtige Heilmittel, sondern ehrliche Liebe zu den Andersgläubigen und eine Reform des eigenen Lebens. Das war wohl ein zusätzliches Motiv für seine Heiligsprechung.

Faber erklärte, wie fruchtlos Gespräche sein können, wenn sich die Gesprächspartner hinter ihren Positionen verschanzen und sich in Rechthaberei verschließen. Die Religionsgespräche in Worms und in Regensburg, an denen er 1540/41 zusammen mit dem kaiserlichen Theologen Pedro Ortiz teilnahm, ohne in die Debatten einzugreifen, führten ihn zu der Überzeugung, dass man andere Wege einschlagen müsse. Er kam so auf seine Weise zum Primat des Praktischen vor dem Theoretischen. Faber war als erster Jesuit nach Deutschland gesandt worden und bewegte sich dort an der Frontlinie zwischen Katholizismus und Reformation, von Regensburg über Speyer nach Worms, Mainz und Köln. Was er dort erlebte, ließ ihn die Reformation als Folge einer tiefen Krise in der Seelsorge verstehen, die nach einer Lebensreform der Seelsorger rief. In Deutschland wurde er zum Seelsorger für die Seelsorger. Er gab ihnen Exerzitien, lehrte sie, das Leben Jesu zu meditieren und so neuen Eifer und Kraft für die Seelsorge zu schöpfen. Faber galt als der beste Exerzitienmeister der jungen Gesellschaft Jesu; mit seinen Exerzitien gewann er auch Petrus Canisius für den Orden.

Fabers Geheimnis lag neben seiner Liebenswürdigkeit wohl vor allem darin, dass er lebte, was er lehrte. Er hat uns ein geistliches Tagebuch hinterlassen, aus dem sich sein geistlicher Reifungsprozess ablesen lässt.[10] Bei einer unglaublichen Aktivität („Man hat immer drei- bis viermal mehr zu erledigen, als man erledigen kann", schreibt er einmal) und bei ständigen Ortswechseln mit langen Fußmärschen blieb Faber ein bei jeder Gelegenheit betender, innerlicher Mensch. Die Begegnung mit Gott, seinen Engeln und Heiligen war für ihn die Grundlage für die Begegnung mit den Menschen.

Ein lebendiges Bild seiner Aktivität und seiner seelsorgerlichen Ratschläge, aber auch seiner Leiden gibt uns Faber in seinen Briefen. So klagt er einmal über die ständigen Ortswechsel, zu denen ihn die einander widersprechenden Aufträge von Papst und Kaiser zwangen. Faber ist in den kaum sechs Jahren seines Apostolats (1540–1546) geradezu zu einem Märtyrer des Gehorsams geworden: „Unser Herr weiß, warum Er mir nie die Gnade gibt, lange an einem Ort bleiben zu können; warum man mich immer dann abberuft, wenn die Sachen gut zu gehen beginnen und die eigentliche Erntezeit kommt."

Aus dieser Verinnerlichung des Gehorsams ergibt sich sein ganz unpolemisches Verhältnis zu den Lutheranern. Er bleibt auch da der Seelsorger. Einem Mitbruder gibt er die immer noch aktuellen Ratschläge: „Als Erstes muss, wer den Irrgläubigen unserer Zeit helfen will, zusehen, dass er ihnen viel Liebe entgegenbringt und dass er sie in Wahrheit liebt, indem er seinen Geist von allen Überlegungen frei macht, die der Achtung vor ihnen abträglich sein können. Als Zweites müssen wir ihre Gunst zu gewinnen suchen, dass sie uns lieben und uns einen guten Platz in ihrem Geiste geben. Das geschieht, wenn man sich mit ihnen freundschaftlich über Dinge unterhält, die ihnen und uns gemeinsam sind, und sich vor allen Streitgesprächen hütet, wo einer den andern herabzusetzen sucht."[11] Dann folgen Ratschläge zur Erneuerung der kirchlichen Praxis, in der Faber die eigentliche katholische Antwort auf die Reformation sah.

Von seinen Wanderungen zwischen Deutschland und Spanien bzw. Portugal völlig erschöpft, starb Faber, kaum 40-jährig, am 1. August 1546 auf dem Weg zum Konzil in Trient.

Peter Faber als Vorbild

Immer wieder stellt Papst Franziskus Peter Faber als leuchtendes Beispiel vor Augen. Bei seiner Ansprache vor der Schriftleitung der *Civiltà Cattolica* am 9. Februar 2017 gab er den Journalisten Peter Faber zum Patron: „Ich gebe euch als Patron den heiligen Petrus Faber (1506–1546), einen Mann mit großen Wünschen, einem unruhigen Geist, nie zufrieden, Pionier des Ökumenismus. Für Faber ist es so: Gerade wenn man sich schwierige Dinge vornimmt, zeigt sich der wahre Geist, der zum Handeln bewegt (vgl. *Memoriale*, 301). Echter Glaube setzt immer den tiefen Wunsch voraus, die Welt zu verändern. Das ist die Frage, die wir uns stellen müssen: Haben wir große Visionen und Tatendrang? Sind wir kühn? Oder sind wir mittelmäßig und geben uns mit Reflexionen ‚aus dem Labor' zufrieden? Eure Zeitschrift soll sich die Wunden dieser Welt zu Bewusstsein führen und Therapien erkennen. Es soll ein Schreiben sein, das das Böse zu verstehen sucht, das aber auch danach strebt, Balsam auf die offenen Wunden zu gießen, zu heilen. Faber war zu Fuß unterwegs und starb jung, von der Mühsal entkräftet, verzehrt von seinem Wunsch nach der größeren Ehre Gottes. Ihr seid mit eurer unruhigen Intelligenz unterwegs, die durch die Tastaturen eurer Computer zu Reflexionen wird, die für den Aufbau einer besseren Welt, den Aufbau des Reiches Gottes nützlich sind."

Hier ist sie wieder, die Unterscheidung: Labor oder Leben an der Grenze bei den Menschen. Peter Faber hat die Grenzen aufgesucht.

Papst Franziskus – der Knotenlöser

Abb.: Maria Knotenlöserin ist ein Gnadenbild des Künstlers Johann Georg Melchior Schmidtner in der katholischen Wallfahrtskirche St. Peter am Perlach in Augsburg.

Ein Marienbild begleitet Papst Franziskus besonders – die Knotenlöserin. Das Original hängt in der Kirche St. Peter am Perlach in Augsburg. Franziskus hat es nicht selbst kennengelernt während seines Studienaufenthalts in Deutschland, sondern er bekam es von einer befreundeten Ordensschwester zugeschickt.[12] Das Bild hat ihn nicht mehr losgelassen und so ließ er eine Kopie von der Künstlerin Ana María Betta de Berti anfertigen. Diese wurde in der Kirche San José del Talar aufgehängt und am 8. Dezember 1996 gesegnet. Die Verehrung der Knotenlöserin wurde in Buenos Aires Kult. Bald pilgerten viele Menschen nach San José, am 8. Dezember 1998 waren es bereits 70 000. Die Künstlerin hatte umgesetzt, worum es Bergoglio geht: Knoten lösen im persönlichen Leben, Knoten lösen in der Familie, Knoten lösen am Arbeitsplatz und Knoten lösen im Gemeinschaftsleben.

Damals ahnte Bergoglio noch nicht, dass er selbst weltkirchlich zum Knotenlöser werden sollte. An einigen Beispielen soll das gezeigt werden: am Beispiel der Rezeption des Zweiten Vatikanischen Konzils, am Umgang mit der Liturgie, am Umgang mit den Medien und am Umgang mit den wiederverheirateten Geschiedenen.

Das Zweite Vatikanische Konzil ist unumkehrbar

„Der Heilige Geist drängt zum Wandel, und wir sind bequem“: Papst Franziskus hat in seiner Predigt am 16. April 2013 anlässlich des Geburtstags seines Vorgängers deutlich Stellung bezogen und die mangelhafte Umsetzung des Zweiten Vatikanischen Konzils beklagt. Das sei vor allem ein geistliches Problem: „Um es klar zu sagen: Der Heilige Geist ist für uns eine Belästigung." Wir seien heute zufrieden mit der angeblichen Anwesenheit des Heiligen Geistes, und diese Zufriedenheit sei eine Versuchung. Das gelte zum Beispiel mit Blick auf das Konzil.

Die Blickrichtung war klar: Kardinal Joseph Ratzinger, der spätere Papst Benedikt XVI., war Berater auf dem Zweiten Vatikanischen Konzil, hat sich allerdings nach dem Konzil immer kritischer zur Konzilsrezeption geäußert. Er betonte nun eine Hermeneutik der Kontinuität, die er als Hermeneutik der Reform bezeichnete, während er den Konzilsenthusiasten eine Hermeneutik der Diskontinuität unterstellte, die letztlich eine andere Kirche wollen. Wie konnte es zu diesem Gesinnungswandel kommen?

Joseph Ratzingers Begegnung mit Kardinal Frings

Joseph Ratzinger wurde vom Kölner Erzbischof Josef Frings zur Mitarbeit an der Konzilsvorbereitung eingeladen. Frings schildert die Hintergründe so: „Im Jahre 1961 wandte sich Pater Arpa an mich, ein Jesuit, der in Genua ein Institut Columbianum gegründet hatte, das sich vor allem mit Entwicklungsfragen in den südamerikanischen Ländern befasste … Er fragte mich, ob ich bereit sei, über das Konzil auf dem Hintergrund der Zeitlage im Unterschied zum I. Vatikanischen Konzil zu sprechen. Das Thema reizte mich, und ich sagte zu. Aber ich sah, dass ich allein nicht im Stande sein würde, dieses Thema grundlegend zu besprechen. In einem Gürzenich-Konzert traf ich Professor Ratzinger, der kurz zuvor als Fundamentaltheologe nach Bonn gekommen war und der sich bereits eines großen und guten Rufes erfreute. Ich bat ihn, ob er mir bei der Bearbeitung dieses Themas behilflich sein wolle, und auch ihn schien diese Themenstellung zu reizen. Er lieferte mir bald einen Entwurf, den ich so gut fand, dass ich nur an einer Stelle eine kleine Retuschierung vornahm."[13]

Joseph Ratzinger hat diese Version allerdings im Gespräch mit Peter Seewald aus seiner Sicht richtiggestellt: „Ich war nicht mit ihm im Konzert, sondern habe in Bensberg in der Katholischen Akademie einen Vortrag über die Theologie des Konzils gehalten, an dem Frings als Zuhörer teilnahm. Wir sind dann durch die weiten Gänge spazieren gegangen, haben miteinander diskutiert. Er hatte dann eben den Mut, mich einzuladen, ihm den Text für die Genueser Konferenz zu schreiben."

Der Vortrag von Ratzinger wurde durch Vermittlung von Bruno Wüstenberg, dem einzigen Deutschen im Staatssekretariat, ins Italienische übersetzt. Frings, der schon fast erblindet war, sprach beim Vortrag nur die ersten Sätze, den weiteren Vortrag hielt Wüstenberg. Der Vortrag stieß auf große Resonanz bis hin zum Papst. „Während einer der letzten Sitzungen der zentralen Vorbereitungskommission im Jahre 1962 wurde ich eines Tages zu Papst Johannes gerufen. Ich wusste nicht weshalb. Ich sagte scherzhaft zu meinem Sekretär Luthe: ‚Hängen Sie mir noch mal das rote Mäntelchen um, wer weiß, vielleicht ist es das letzte Mal.' Als ich aber in das Audienzzimmer des Papstes kam, eilte er mir gleich entgegen, umarmte mich und sagte: ‚Ich habe diese Nacht ihren Vortrag von Genua gelesen und wollte Ihnen meinen Dank sagen für diese schönen Ausführungen.'"

Sekretär Hubert Luthe ergänzte die Erinnerungen des Kardinals um einige Nuancen. Der Papst habe wörtlich zu Frings gesagt: „Che bella coincidenza del pensiero!" – Welch gemeinsames Denken zwischen ihm und Frings komme da zum Ausdruck. Frings habe darauf geantwortet, der Vortrag stamme gar nicht von ihm, sondern von Professor Ratzinger. Darauf der Papst: Auch er müsse sich seine Texte verfassen lassen, es komme nur darauf an, die richtigen Berater zu finden. Dieses Gespräch mit Johannes XXIII. hat Frings ermutigt, ab April 1962 Joseph Ratzinger als Berater für die anstehende Beurteilung der dogmatischen Texte in der Zentralkommission hinzuzuziehen.[14]

Norbert Trippen, dessen zweibändiger Frings-Biographie wir all diese Hintergründe verdanken, erinnert sich selbst so: Als Seminarist des Kölner Priesterseminars in den Jahren 1960–1962 sei der berühmte Vortrag von Genua aus der Herder-Korrespondenz als Tischlektüre im Seminar vorgelesen worden. Als Frings in diesen Tagen das Seminar besuchte, habe er geschmunzelt und die Lesung mit den Worten kommentiert: Hat Professor Ratzinger das nicht großartig gemacht? Der Kardinal wollte vor den jungen Seminaristen keine Anerkennung verbuchen, die einem anderen zustand. Die hohe Resonanz auf die Rede von Genua war der Beginn einer langjährigen Zusammenarbeit von Frings und Ratzinger.

Die Rede von Genua: Plädoyer für eine plurale Kirche

Die geistige Situation der Menschheit am Vorabend des Zweiten Vatikanischen Konzils bildet den Ausgangspunkt der Rede. Die Welt sei auf dem Weg zu einer Einheitszivilisation; heute würden wir von Globalisierung sprechen. Dieser Kairos erfordere von der Kirche, dass sie immer mehr zur Weltkirche werden müsse. In dieser Rede taucht auch das später für Ratzinger so wichtige Wort des Relativismus auf, hier allerdings in einer positiven Variante: „Man darf sich nicht täuschen: Relativismus muss nicht in allen Stücken etwas Schlechtes sein. Wenn er dazu führt, die Relativität aller menschlichen Kulturgestaltungen zu erkennen, und so zu einer gegenseitigen Bescheidung führt, in der keiner sein menschlich-geschichtliches Erbe absolut setzt, kann er einer neuen Verständigung zwischen den Menschen dienen und Grenzen öffnen helfen, die bisher verschlossen schienen."[15]

Kirche als Volk aus den Völkern müsse der Vielgestaltigkeit des menschlichen Lebens Rechnung tragen und die Pluralität zur Geltung bringen und fördern. „Im Zeitalter eines wahrhaft global und so wahrhaft katholisch gewordenen Katholizismus wird sie sich immer mehr darauf einstellen müssen, dass nicht alle Gesetze für jedes Land gleichermaßen gelten können, dass vor allem die Liturgie wie ein Spiegel der Einheit so auch ein angemessener Ausdruck der jeweiligen geistigen Besonderheit sein muss … Daraus wird sich von selbst eine stärkere Intensivierung der bischöflichen Gewalt ergeben, die ja ortsgebunden und so der besonderen Aufgabe der Einzelkirchen zugewiesen ist."

In einem weiteren Abschnitt wendet sich der Text gegen Ideologien aller Art und spricht offen an, dass viele Menschen auch die Kirche als Ideologie und totalitär erleben und erfahren. „Wir wissen, dass es nicht so ist, aber sollten wir nicht in der Tat mehr als bisher darauf achten, dem Menschen Vorwände dieser Art für seine Abwendung von der Kirche aus der Hand zu nehmen, indem wir unsere ganz einschlägige Praxis überprüfen?"

Im letzten Teil wird von zwei großen charismatischen Bewegungen gesprochen, der marianischen und der liturgischen, die sich oft gegensätzlich gegenüber stünden. Die Kirche sei Quellgrund der Vielfalt. Die marianische Bewegung sei eher in der ibero-italischen Welt beheimatet, die liturgische mehr in Deutschland und Frankreich. „Das kann uns freilich noch einmal darauf hinweisen, dass die Vielfalt der Völker der Reichtum der Kirche ist, denn jedes bringt sein eigenes Charisma in die Einheit des Leibes Christi mit, und wir können heute wohl noch gar nicht ahnen, welch neuer Reichtum der Kirche zuwachsen wird, wenn die Charismen Asiens und Afrikas sich für sie auftun werden." Dieser Vielfalt des Lebens zu dienen sei Aufgabe des kommenden Konzils, da es ein Konzil der Erneuerung werden solle und nicht die Aufgabe habe, Lehren zu formulieren, sondern das Christsein in der Welt von heute neu und tiefer zu ermöglichen.

Die Genueser Rede war ein großartiges Plädoyer für Pluralität in der Kirche!

Gegen Willkür des Papstamtes

Die große Resonanz auf die Rede von Genua war für Erzbischof Frings der Beweis, dass Joseph Ratzinger als Berater für ihn der richtige Mann war. So schickte er ihm in der Vorbereitungsphase zum Konzil die einzelnen Faszikel zu und bat ihn über seinen Sekretär Hubert Luthe, da er selbst fast erblindet war, nicht nur Randbemerkungen an den Texten zu machen, sondern für die Voten überschaubare und zusammenfassende Texte zu erstellen. An dem von Kardinal Ottaviani erstellten Schema über die Kirche bemängelte Ratzinger vor allem den Begriff *mili-*

tans ecclesia. Dieser Begriff sei wenig geeignet, vielmehr solle er durch Kirche auf dem Weg oder pilgernde Kirche ersetzt werden. Am 19. Juni 1962 stellte Kardinal Ottaviani zwei Kapitel des Schemas über die Kirche vor, nämlich über das kirchliche Lehramt und über Autorität und Gehorsam in der Kirche. Ratzinger hatte dem Kölner Kardinal nahegelegt, dass man dem Abschnitt *De ecclesiae magisterio* eine kurze Ausführung über die moralischen Grenzen des Jurisdiktionsprimats voranstellen sollte. „Unter den Nichtkatholiken ist nun aber gerade die Angst vor einer unbegrenzten Willkür des Papstes und die Vorstellung lebendig, wenn man sich ihm einmal ausgeliefert habe, sei man vor nichts mehr sicher. Ja, dieses Angsttrauma ist vielleicht sogar das stärkste Hindernis für eine Vereinigung mit Rom. Ob man nicht hier einen kleinen Abschnitt einfügen könnte, der versichern würde, dass der Papst sein Recht nicht beliebig gebrauchen wird."

Kardinal Frings stimmte in seinem Votum für *non placet* und fragte mit den Worten Ratzingers: „Ob es notwendig ist, all das auf einem Konzil zu beschließen, wo fast alles schon in Konstitutionen, Enzykliken und Ansprachen der Päpste oder in dogmatischen Sammlungen gesagt wurde und von daher bereits große Autorität besitzt." Warum das alles noch einmal durchkauen, so seine Bemerkung. Weiters fragte er, ob es gut sei, „das alles zu äußern und nur wenig über Gott und seine Größe, seine Güte und seinen Reichtum, wenig über Jesus Christus, unseren Erlöser zu sagen, der zwar häufig in den Vorworten, selten jedoch in den Schemata selbst erwähnt wird."

Im Kapitel über Autorität und Gehorsam in der Kirche wurde gefordert, sich bei öffentlicher Denunziation an Mt 18,15–17 zu halten. Ratzinger schrieb an den Rand:

„Der Hinweis auf Mt 18,15–17 schließt allerdings auch eine andere Tatsache ein, die nicht weniger wichtig ist. Dort wird verordnet, dass die Zurechtweisung des Einzelnen zunächst im Gespräch mit diesem selbst zu erfolgen habe, dann erst in verschiedenen Stufen der amtlichen Kirche zu unterbreiten sei. Es gibt aber nicht nur einen Schutz der amtlichen Kirche gegen unberufene Kritik, sondern auch einen Schutz des Einzelnen vor anonymer Denunziation, der bisher allzu sehr vernachlässigt wurde und den zu fixieren wohl gerade hier der Ort wäre." Auch diesen Vorschlag Ratzingers griff Frings in seinem Votum auf und wandte sich gemäß Mt 18,15–17 gegen anonyme Denunziation einzelner Christen. In der Kirche sollen Freiheit, Liebe und Großmut herrschen.

Noch einmal meldete sich Frings am 4. Dezember 1962 bei der Generaldebatte zum Schema „De ecclesia" zu Wort und stützte sich wiederum auf eine sorgfältige Ausarbeitung Ratzingers. Er bemängelte, dass in dem Schema der Begriff des Katholischen amputiert sei, es sei nicht die ganze katholische Tradition respektiert, sondern nur ein kleiner Teil, nämlich die letzten hundert Jahre.

In diesen wenigen Interventionen zeigt sich die Bedeutung Ratzingers für das Zweite Vatikanische Konzil: In der Genueser Rede plädierte er für die Relativität menschlicher Kulturen, für eine Ent-Ideologisierung – die Kirche eingeschlossen – und für eine Intensivierung der bischöflichen Gewalt und ihrer Ortsgebundenheit. In seinen weiteren Stellungnahmen ist eine ökumenische Sensibilität spürbar, die Forderung nach einer neuen Kommunikationskultur und einem neuen Kommunikationsstil in der Kirche sowie ein Plädoyer für die Weite des Katholischen.

In seinem Rückblick auf die erste Sitzungsperiode hielt Ratzinger seine ganz persönlichen Eindrücke fest. Seine heftige Kritik galt der Eröffnungsliturgie: „Der Feier der Eröffnungsliturgie fehlte die alle mit einbeziehende Gemeinsamkeit und ihr fehlte die innere Geschlossenheit. Ist es denn normal, dass 2500 Bischöfe, von den vielen anderen Gläubigen ganz zu schweigen, zu stummen Zuschauern einer Liturgie verurteilt sind, in der außer den amtierenden Liturgen nur die Capella Sistina das Wort hat? War es nicht ein Symptom eines der Überwindung bedürftigen Zustandes, dass die aktive Mitwirkung der Anwesenden nicht gefordert war? … Man hatte unverbunden zwei Liturgien nebeneinandergesetzt und dadurch sehr deutlich den gefährlichen Archäologismus zu erkennen gegeben, in dem seit dem Tridentinum die Meßliturgie eingeschlossen wurde, so dass man den realen Sinn ihrer einzelnen Teile kaum noch empfand."[16]

Ferner bemängelte er die Qualität der von der Kurie vorbereiteten Texte: Die in Rom erstellten Schemata seien geprägt gewesen von einem Anti, von einer Negation, von der Verkrampfung des Abwehrkampfes gegen den Modernismus, von einer Theologie der Negation und der Verbote. „Aber alles, was geschehen war, hatte die Situation grundlegend verändert. Die Bischöfe waren nicht mehr dieselben wie vor Eröffnung des Konzils. Zum ersten hatten sie sich als Episkopat, als eine eigene Größe mit eigener gemeinsamer Verantwortung entdeckt, zum anderen war mit dem Liturgieschema anstelle des alten Anti, der Negation, eine neue positive Möglichkeit vor ihnen aufgetaucht, die Möglichkeit, aus der Defensive herauszukommen und christlich offensiv zu werden, positiv zu denken und zu handeln. Und dieser Funke hatte gezündet. Das Wort des Papstes in der Eröffnungsansprache, die Kirche habe jetzt nicht zu verurteilen, sondern die Medizin des Erbarmens auszuteilen, das Konzil habe nicht Negationen auszusprechen, sondern den Glauben positiv neu darzustellen ... All das, was man vorher als einen Ausdruck seines [gemeint ist Johannes XXIII.] persönlichen Temperaments betrachtet hatte ..., gewann jetzt Sinn, wurde verständlich und bedeutsam."

Des Weiteren hob er die Lehrautorität der Bischöfe hervor, die ihnen aus dem Miteinander mit ihren Gläubigen erwächst: „Das Konzil hatte seine eigene Lehrautorität geltend gemacht und gegenüber den kurialen Kongregationen, die im Dienst der primatialen Gewalt und ihrer vereinigenden Funktion stehen, nun die Stimme des Episkopats, nein – die Stimme der Weltkirche zur Geltung gebracht; denn mit und in den Bischöfen waren die jeweiligen Länder, waren die Gläubigen, ihre Sorgen und Situationen vertreten. Was die Bischöfe sagten und taten, war weit mehr als Ausdruck einer bestimmten theologischen Schulbildung. Es kam vielmehr aus der zweiten Schule, in die sie gegangen waren, aus der Schule ihres Amtes, aus der Gemeinschaft mit ihren Gläubigen und mit der Welt, in der sie leben. Man spricht heute in der Theologie viel vom Glaubenssinn der Kirche als einer Quelle der Dogmatik ... Hier aber war wirklich das Glaubensbewußtsein der Gesamtkirche konkret und energisch in Erscheinung getreten, so sehr, daß es die intensive Vorbereitungsarbeit von drei Jahren, ohne ihre Bedeutung zu negieren, doch als weitgehend unzulänglich enthüllte und eine Wiederholung dieser Arbeit auf neuer Grundlage forderte."

Welch wunderbare Definition: das Bischofsamt als zweite Schule, als Schule des Lebens mit den Gläubigen und mit ihren Bedürfnissen! In diesen Sätzen fließen die Idee des Konzils, wie sie Johannes XXIII. entfaltet hatte, und die Sicht von Joseph Ratzinger förmlich zusammen, ein großes Einverständnis wird sichtbar.

Der Riss

Immer wieder wird gerätselt, warum sich Joseph Ratzinger unmittelbar nach dem Konzil immer kritischer zum Konzil geäußert hat. Die unterschiedlichsten Deutungen werden angeboten: die Kulturrevolution der 68er Jahre und ihre Auswüchse, die Erfahrungen in Tübingen angesichts der Studentenrevolte, der Marxismusverdacht, die Politisierung der Katholikentage, die Würzburger Synode und ihr parlamentarisches Selbstverständnis, die Missbräuche in der Liturgie, die Rede vom Geist des Konzils. All das hat sicher eine Rolle gespielt. Aber der Bruch war viel früher. Er erfolgte unmittelbar nach Konzilsende. Ein Beleg dafür ist der Epilog von Ratzinger zur letzten Konzilsperiode. Hier warnt er bereits, dass Erneuerung mit Verwässerung und Verbilligung verwechselt werde, dass man in liturgische Gestaltungsfreudigkeit flüchte, weniger nach der Wahrheit als der Modernität frage. Eine Schwarz-Weiß-Malerei greife um sich, die jeden Fortschritt der Kirche mit einem unbefriedigenden Zustand der vorkonziliaren Kirche kontrastiere. „Aber darüber darf man nicht vergessen, daß die Kirche allzeit Kirche geblieben ist und daß allzeit in ihr der Weg des Evangeliums gefunden werden konnte und gefunden worden ist.“[17]

Und Ratzinger fährt fort, dass ihn jüngst ein Wort von Friedrich Heiler besonders getroffen habe: Millionen Menschen würden die römische Kirche als eine geistige Mutter betrachten, in deren Schoß sie sich im Leben und Sterben geborgen wissen. Dieser Satz von Heiler habe ihn deshalb so berührt, weil er kurz zuvor Zeuge eines christlichen Sterbens habe werden dürfen und müssen. Er habe dabei selbst erfahren, wie groß und rein die Geborgenheit war, die die Kirche im Leben und im Sterben schenken durfte. Diese Tatsache ist in der nachkonziliaren Zeit entscheidend.

Hier spricht Ratzinger vom Tod seiner Mutter, die am 16. Dezember 1963 gestorben ist – im Glauben der vorkonziliaren Kirche. In diesem einschneidenden biographischen Ereignis taucht zum ersten Mal die Rede von der Kontinuität auf, es darf keinen Bruch zwischen alter und neuer Kirche geben. Für diese Kontinuität stehen vor allem die einfachen Gläubigen sowohl früher als auch heute: „Sie waren es, die die Fackel der Hoffnung weitergaben an das Neue Testament; ihre Namen sind die letzten des alten Gottesvolkes und die ersten des neuen in einem: Zacharias, Elisabeth, Josef, Maria. Der Glaube derer, die einfachen Herzens sind, ist der kostbarste Schatz der Kirche; ihm zu dienen und ihn selbst zu leben die höchste Aufgabe kirchlicher Erneuerung." Hier zeigen sich die beiden Aspekte, die Ratzinger künftig in seinen Vorträgen und Veröffentlichungen stets betonen wird: Kontinuität in der Kirche oder Diskontinuität, die Bedeutung der einfachen Gläubigen oder Vorherrschaft der Theologen, die diese Kontinuität verdunkeln und für eine neue Kirche votieren. Diese Deutung des Konzils liegt der Ansprache Benedikts XVI. beim Weihnachtsempfang an das Kardinalskollegium und die Mitglieder der Römischen Kurie am 22. Dezember 2005, also im Jahr seiner Papstwahl, zugrunde. Hier stellte Benedikt zwei verschiedene Hermeneutiken gegenüber: die Hermeneutik der Diskontinuität und des Bruches und die Hermeneutik der Reform, der Erneuerung des einen Subjekts Kirche, die der Herr uns geschenkt hat, unter Wahrung der Kontinuität. Die Hermeneutik der Diskontinuität berge das Risiko eines Bruches zwischen vorkonziliarer und nachkonziliarer Kirche. Sie begreife das Konzil als eine Art verfassungsgebende Versammlung, die eine alte Verfassung außer Kraft setze und eine neue schaffe. Die Konzilsväter hätten aber keinen solchen Auftrag gehabt und niemand könnte ihnen auch jemals einen solchen geben, „weil die eigentliche Kirchenverfassung vom Herrn kommt und sie uns gegeben wurde, damit wir das ewige Leben erlangen und aus dieser Perspektive heraus auch das Leben in der Zeit und die Zeit selbst erleuchten können."[18]

Hier wird die Kontinuität der Kirche erneut mit dem ewigen Leben in Verbindung gebracht, ähnlich wie damals beim Tod seiner Mutter.

Kampf gegen das Konzil als Ereignis

Diese Konzilshermeneutik von Papst Benedikt XVI. ist nicht singulär. Am 2. Juli 2005 wartete die italienische Tageszeitung La Repubblica mit der Schlagzeile auf: „E guerra sul Concilio" – „Es herrscht Krieg um das Konzil". Hintergrund war das Buch des Kurienbischofs Agostino Marchetto, Sekretär im päpstlichen Rat für Migration, das er zwei Wochen vorher auf dem römischen Kapitolshügel vorgestellt hatte: *Il Concilio Ecumenico Vaticano II. Contrap-*

punto per la sua storia. In seiner Präsentation würdigte der damalige Vorsitzende der italienischen Bischofskonferenz, Kardinal Camillo Ruini, das Buch als wichtigste Veröffentlichung im Jubiläumsjahr 2005. Es würde die überfällige Korrektur der gängigen Konzilsgeschichtsschreibung einleiten. Gemeint war damit die von Giuseppe Alberigo herausgegebene Konzilsgeschichte. Was waren die Kritikpunkte von Marchetto an Alberigo?

In den zurückliegenden Jahrzehnten habe sich eine Konzilsdeutung etabliert, die das Zweite Vatikanum auf seine Innovationen – hier haben wir wieder das inkriminierte Wort – auslege. Es werde hauptsächlich nach der Neuheit des Konzils gefragt. Man betrachte es geradezu als eine Revolution, als einen Bruch mit der Vergangenheit (*rottura con il passato*), als eine Wasserscheide, die die Geschichte der Kirche in eine Epoche vor und eine Epoche nach dem Konzil aufspalte. Dahinter stecke eine finanzstarke Forschergruppe, die Schule von Bologna (*gruppo di Bologna*) unter der Führung von Giuseppe Alberigo, die die Konzilsforschung weltweit monopolisiere. Sie betreibe eine unwissenschaftliche Feindseligkeit gegen die Konzilsminorität, die für die Bewahrung der Tradition eingetreten sei. Sie argumentiere zudem in diffuser Weise mit dem Geist des Konzils, den sie in Diskontinuität zu den vorangegangenen Konzilien setzen würde.

Der zweite Kritikpunkt betrifft die Quellenbasis der Konzilsgeschichte von Alberigo. Sie stütze sich nicht auf die offiziellen Akten des Konzils, sondern auf private Schriften wie Konzilstagebücher und Berichte vom Konzil. Dadurch lieferten sie die Konzilsdeutung den subjektiven Urteilen einzelner Protagonisten aus. Dagegen sei die Kontinuität des Konzils zu betonen.

Alberigo – Ehrendoktor der Kath.-Theol. Fakultät der Universität Würzburg – hat in der Tat in seiner Konzilsgeschichtsschreibung den Ereignisbegriff stark gemacht. Er umschrieb damit die Tatsache, dass man das Ergebnis des Konzils nicht ohne das vorausgehende Ereignis verstehen könne. Zum Zweiten verschiebt sich oder besser gesagt erweitert sich dadurch das Interesse vom Korpus der Konstitutionen und Dekrete in Richtung des gesamten konziliaren Geschehens. Damit hängt auch die Erweiterung der Quellen zusammen. Die Einbeziehung der Konzilstagebücher ist für die Erforschung des Konzils von Trient mittlerweile eine Selbstverständlichkeit. „In der allgemeinen Konzilien-Geschichtsschreibung ist die Verwendung ‚privater' Quellen längst Standard", so der Frankfurter Kirchenhistoriker Günther Wassilowsky.

Die Kirche versteht sich seit *Lumen Gentium* als „Zeichen und Instrument der Einheit mit Gott und den Menschen untereinander". Kirchengeschichte kann deshalb seither nurmehr als Symbolgeschichte betrieben werden. Die Verfassung des Mysteriums Kirche als über sich hinaus weisende komplexe Wirklichkeit lässt sich nicht mehr ausschließlich in Texten fixieren.

Das Zweite Vatikanum verstand sich, wie die Eröffnungsrede von Johannes XXIII. beweist, als ein Sprung nach vorne mit einer pastoralen Zielsetzung. Hier handelt es sich wirklich um einen innovativen und neuen Charakter des Konzils. Dieser Charakter kommt auch in entsprechenden Symbolhandlungen zum Ausdruck. Von großer Symbolwirkung war etwa das erste Auftreten des Papstes auf der Bühne des Konzils. Er steigt von der *Sedia gestatoria* ab und bewegt sich zu Fuß auf Augenhöhe mit den Konzilsvätern durch den Petersdom. Man kann dies als einen zeremonienkritischen Ikonoklasmus beschreiben. Genauso anzuführen sind die Einberufung des Konzils selbst, die Zurückweisung der vorbereiteten Textvorlagen und viele andere Ereignisse, die nicht in den Texten stehen, aber das Konzil entscheidend geprägt haben. Die Konzilsgeschichte kann nicht geschrieben werden ohne Berücksichtigung dieser Symbolhandlungen. Das Konzil wollte die Kirche nicht abschaffen, das wäre absurd, aber es wollte, dass sie sich neu und anders versteht und inszeniert. Kein Bruch also, aber auch kein „Weiter so".

Symbolpolitik von Papst Benedikt XVI.: Relativierung der Genueser Rede

Papst Benedikt XVI. war es ein Anliegen, das Zweite Vatikanische Konzil durch die Gestaltung des 50-jährigen Konzilsjubiläums mit einer eigenen Symbolpolitik deutungsmäßig einzuhegen: Er hat mit dem Motu Proprio *Porta fidei* vom 11. Oktober 2011 entschieden, ein Jahr des Glaubens auszurufen. Es begann am 11. Oktober 2012 und endete am Christkönigssonntag 2013. Der 11. Oktober wurde aber nicht nur als der 50. Jahrestag des Beginns des Konzils erinnert, sondern auch als das 20-jährige Jubiläum der Veröffentlichung des Katechismus der Katholischen Kirche. Mit ihm sollte den Gläubigen die Kraft und die Schönheit des Glaubens vor Augen geführt werden.

Ebenso wurde für Oktober 2012 die Bischofssynode zum Thema „Die Neuevangelisierung zur Weitergabe des Glaubens" einberufen. Ebenfalls 2012 wurde Band 7 der Gesammelten Werke von Joseph Ratzinger in zwei Teilbänden herausgegeben. Darin enthalten sind seine Konzilsschriften. Im Vorwort hält er drei bemerkenswerte Einschätzungen fest: Das Konzil wurde deshalb am 11. Oktober eröffnet, weil Papst Pius XI. 1931 auf diesen Tag das Fest der Gottesmutterschaft Marias gelegt hat. Johannes XXIII. wollte damit das Konzil der mütterlichen Güte Marias anvertrauen und fest im Geheimnis Jesu Christi verankern. Das wusste bislang so noch niemand.[19] Ferner blieb Benedikt XVI. bei seiner Kritik an der Pastoralkonstitution *Gaudium et Spes*. Hinter dem verschwommenen Begriff „Welt von heute" stehe ein ungeklärtes Verhältnis zur Neuzeit. Die Bischöfe auf dem Konzil verstanden sich als Lernende des Heiligen Geistes. Vom Lernen der Bischöfe vom Gottesvolk ist nun nicht mehr die Rede. Bemerkenswert ist auch, dass Band 7 nicht mit der Genueser Rede beginnt, sondern mit Texten zur Eucharistie. Auch das war Symbolpolitik. Nicht die Rede von Genua ist nun der hermeneutische Schlüssel seiner Konzilsschriften, sondern der Eucharistische Weltkongress von 1960. Hier geht es um Symbolpolitik, nicht nur um Zitation der Texte des Konzils, sondern um seine Neuinterpretation. Alberigo ist also durchaus Recht zu geben mit seinem Begriff des Konzils als Ereignis.

Die Deutung des Zweiten Vatikanischen Konzils durch Papst Franziskus

Ganz anders als sein Vorgänger sieht Papst Franziskus das Zweite Vatikanum: Es war eine neue Lektüre des Evangeliums im Licht der zeitgenössischen Kultur. Es hat eine Bewegung der Erneuerung ausgelöst, die aus dem Evangelium selbst kommt. Und dann seine Bemerkung: Es gibt Linien, die auf eine Hermeneutik der Kontinuität und eine der Diskontinuität hinweisen. „Aber eines ist klar: Die

Dynamik der aktualisierten Lektüre des Evangeliums von heute, die dem Konzil eigen ist, ist absolut unumkehrbar." Die Wiedereinführung des alten Ritus in der Liturgie durch Papst Benedikt ist lediglich eine Hilfe für einige Personen, die Sicherheit brauchen. „Ich finde aber das Risiko einer Ideologisierung des Vetus Ordo, seine Instrumentalisierung, sehr gefährlich."[20] Noch einmal seien seine Sätze aus dem Gottesdienst am 16. April 2013 wiederholt: „Wir feiern dieses Jubiläum und es scheint, dass wir dem Konzil ein Denkmal bauen, aber eines, das nicht unbequem ist, das uns nicht stört. Wir wollen uns nicht verändern und es gibt sogar auch Stimmen, die gar nicht vorwärts wollen, sondern zurück: Das ist dickköpfig, das ist der Versuch, den Heiligen Geist zu zähmen. So bekommt man törichte und lahme Herzen."

Das Zweite Vatikanum war ein Geschehen des Heiligen Geistes – manche nachkonziliare Rezeption dagegen der Versuch der Zähmung. Aber – so Franziskus – den Heiligen Geist kann und darf man nicht zähmen.

Wider die Musealisierung von Liturgie

50 Jahre nach der Verabschiedung der Liturgiekonstitution wurde Papst Franziskus zum Papst gewählt. Damit kommt auch eine gewisse Entwicklung, genannt die „Reform der Reform", zu einem Abschluss. Franziskus sollte über Romano Guardini promovieren. Er steht ihm denkerisch also nahe. So sollen im Folgenden fünf Jahrzehnte Diskussion um die Liturgiereform noch einmal Revue passieren, um die Haltung von Papst Franziskus in dieser Frage besser verstehen zu können.

Kaum war die Liturgiekonstitution *Sacrosanctum Concilium* auf dem Zweiten Vatikanischen Konzil am 4. Dezember 1963 verabschiedet worden, mit dem Spitzensatz, dass die Liturgie „Höhepunkt, dem das Tun der Kirche zustrebt, und zugleich die Quelle, aus der alles strömt“ (SC 10) sei, schrieb Romano Guardini in einem Brief anlässlich des Dritten Liturgischen Kongresses für den Deutschen Sprachraum am 1. April 1964 folgende provokante Sätze: „Ist vielleicht der liturgische Akt und mit ihm überhaupt das, was Liturgie heißt, so sehr historisch eingebunden – antik oder mittelalterlich –, daß man sie der Ehrlichkeit wegen ganz aufgeben müßte? Sollte man sich zu der Einsicht durchringen, der Mensch des industriellen Zeitalters, der Technik und der sie bedingten psychologisch-soziologischen Strukturen sei zum liturgischen Akt einfach nicht mehr fähig? Und sollte man, statt von Erneuerung zu reden, nicht lieber überlegen, in welcher Weise die heiligen Geheimnisse zu feiern seien, damit dieser heutige Mensch mit seiner Wahrheit in ihnen stehen könne?“[21] Guardini war sich bewusst, dass diese Sätze – zumal von einem, den man als Initiator und Gründungsvater der Liturgischen Bewegung und Reform ansah – in den Ohren vieler hart klingen musste, aber er fügte hinzu, dass das beileibe keine Einzelmeinung sei, sondern dass heute viele so dächten und empfänden. „Man darf sie nicht einfach als Abgestandene [= Distanzierte; E. G.] wegstreichen, sondern muß fragen, wie man – wenn Liturgie wesentlich ist – ihnen nahe kommen könne.“[22]

Es geht nach der Liturgiereform also nicht einfach darum, sie den Menschen nahezubringen (katechetisches

Interesse, von einigen auch Pastoralliturgie genannt; es gibt eine eigene Reihe dazu!), sondern es geht um einen Perspektivenwechsel: Können die Menschen von heute noch in der Liturgie, auch in der reformierten Liturgie, Heimat finden oder fremdeln sie nicht vielmehr? Dieses Fremdeln ist nicht als Liturgieunfähigkeit zu stigmatisieren, sondern ernst zu nehmen. Damit nahm Guardini im Grunde genommen die Perspektive der Pastoralkonstitution *Gaudium et spes* vorweg: Es geht um das radikale Fragen der Menschen von heute und ihre Ausdrucksformen, ihr Empfinden, nicht um eine reformierte Liturgie mit selbstreferentieller Gültigkeit. Ein erster Ton der Nachdenklichkeit erschütterte die Euphorie der Reformer – und das veranlasst von ihrem Nestor!

Die Äußerung Guardinis ist aber auch in anderer Hinsicht bemerkenswert: Sie behauptet nichts weniger als „nach der Reform ist vor der Reform“. Eine reformierte Liturgie, die sich als endgültig und definitiv, als letztes Wort und irreformabel verstehen würde, wäre ein Widerspruch in sich selbst.

Balthasar Fischer: Kinderkrankheiten der Reform

Kurz, aber zentral waren die Ausführungen des Trierer Liturgiewissenschaftlers Balthasar Fischer. Sein Thema lautete: „Zehn Jahre danach. Zur gottesdienstlichen Situation in Deutschland. Zehn Jahre nach Erscheinen der Liturgiekonstitution (1963)“.[23] Dieser Beitrag wollte so etwas wie eine aktuelle Situationsanalyse liefern. Fischer leistet dies in drei Thesen: Aufs Ganze, so seine erste These, sei die Liturgiereform vom Kirchenvolk erstaunlich reibungslos rezipiert worden. Sein Vergleich war die Aufklärungsepoche, in der die Bauern im Rheingau am Ausgang des 18. Jahrhunderts den lateinischen gregorianischen Choral gegen die deutschen Aufklärungslieder mit Dreschflegeln verteidigt hätten.

Zehn Jahre nach der Liturgiekonstitution, so die zweite These von Fischer, sei die aktuelle Situation von Kinderkrankheiten eines jeden Wandels gekennzeichnet. Er machte vier davon aus: zum einen die Sermonitis. Die Muttersprache der Liturgie verleite dazu, den Redeanteil des Zelebranten zu erhöhen. Die Begrüßung wachse sich manchmal zu einer kleinen Predigt aus: „Die wohltuende Wiederentdeckung, daß der Priester der Vorsteher einer Versammlung ist, die er als Versammlung begrüßt, eröffnet, auflöst, nicht nur mit festgelegten, sondern dazu mit eigenen Worten, wird zu plump-betulicher Vertraulichkeit verzerrt, die peinlich wirken muß: Stereotypes Begrüßen, umständliches Sich-Bedanken für das Gekommensein, Wünsche für einen guten Heimweg und einen netten Abend, wenn nicht gar zu Beginn einer Morgenmesse die Hoffnung ausgesprochen wird, die Teilnehmer möchten gut geschlafen haben."[24] Als weitere Kinderkrankheiten benannte Fischer einen falsch verstandenen Ökumenismus: „Was evangelische Christen nicht tun, glauben auch wir am besten unterlassen zu sollen und bedenken nicht, wie wir hier, statt zu nützen, schaden, wie wir die Schätze verschleudern, die wir ja gerade für die anderen mit aufbewahren (so wie die anderen Schätze für uns mit aufbewahren)."[25] Als Beispiele dafür wies er auf die Marien- und Heiligenfrömmigkeit hin sowie auf das Gebet für die Toten. Weitere Kinderkrankheiten sah er im Libertinismus gegenüber vorformulierten liturgischen Texten sowie in einer Lateinallergie.

Die dritte These war eher ein Plädoyer als eine Analyse, nämlich für eine Vertiefung einer gottesdienstlichen Spiritualität. Hier beklagte er einen Mangel in den liturgiewissenschaftlichen Zeitschriften, die sich zu wenig um eine spirituelle Interpretation der neuen Liturgie bemühen würden. Was Verinnerlichung der neuen Liturgie bewirken könne, benannte er an einem eindrücklichen Beispiel: Ein Pfarrer in der Eifel wurde zu einem sterbenden Bauern gerufen, der nicht als besonders aktives Gemeindemitglied galt, aber immer zur Sonntagsmesse erschien. Nach dem Empfang der Krankensakramente bat er den Pfarrer darum, noch etwas mit ihm zu beten. Als die bekannten Gebete erschöpft waren, sagte er: „Herr Pastor, beten Sie doch, was Sie jetzt immer am Sonntag nach der Wandlung beten." Noch ehe der Pfarrer reagieren konnte, erklang die Stimme des Bauern: „So gedenken wir, Heiliger Vater, des Todes und der Auferstehung deines Sohnes … in Demut bitten wir dich … gedenke deiner Kirche … erbarme dich über uns alle, dass wir das ewige Leben erlangen." Hier hatte ein Mitfeiernder der Liturgie die Gebete in der sonntäglichen Liturgie zu seinem persönlichen und eigenen Beten gemacht: ein ungewöhnliches Sterbegebet. So könnte nach Meinung von Fischer Verinnerlichung der Liturgie aussehen. Deutlich wurde im Beitrag von Balthasar Fischer die hohe Akzeptanz der Liturgiereform und der Hinweis auf einige Mängel, die in der Folgezeit immer wieder aufgeführt werden sollten, vor allem der Trend zur Geschwätzigkeit des Vorstehers.

Einen wesentlich schärferen Ton schlug Alfred Lorenzer in seinem Buch *Konzil der Buchhalter. Die Zerstörung der Sinnlichkeit* (1981) an.[26] Er sprach von der Zerstörung des Symbolsystems Liturgie durch die Liturgiereform. Lorenzer argumentiert von keinem liturgiewissenschaftlichen Standpunkt aus, sondern aus der Position des marxistischen Sozialwissenschaftlers. Er stellt fest, das sei das Buch eines Atheisten, geschrieben für Leser, die zum überwiegenden Teil selbst Atheisten seien. Es stehe in der Tradition der Aufklärung, angefangen von Voltaires Ruf *Rottet sie aus, die Infame* über die Religionskritik von Karl Marx bis hin zur Religionskritik von Sigmund Freud in seinem Buch *Zukunft einer Illusion*.

Lorenzer stellt die Liturgiereform in den Kontext der katholischen Kirche, die er als ein repressives System begreift. So ist die Liturgiereform nicht, wie vielfach unterstellt, eine Befreiung und eine Geste der Emanzipation, sondern das Gegenteil. Wenn man die Liturgiereform hineinliest in das autoritäre Gesamtsystem von Kirche, bekommen plötzlich die zunächst positiv anmutenden Aspekte ihr wahres Gewicht. So ist etwa die geforderte tätige Teilnahme der Gläubigen nichts anderes als ein Surrogat für die ansonsten geforderte passive Hinnahme von vorgegebenen Normen. Die Predigt wird aus didaktischem Interesse aufgewertet; das sei keine ökumenische Geste, sondern lediglich katechetisch indoktrinierend gemeint, um die eigene Position noch besser und nachhaltiger durchsetzen zu können. Betrachtet man die Reform der Liturgie insgesamt, dann fällt nicht nur der Anschein der Demokratisierung, der unter dem Stichwort der tätigen Teilnahme proklamiert wurde, in sich zusammen, sondern es zeigt sich auch, dass das Konzil in allen entscheidenden Belangen die Autoritätsstruktur verschärft hat:

Die Verbalisierung der Liturgie als *mensa verbi* entpuppt sich als Instrument einer systematischen Pädagogisierung und Indoktrinierung.

Die Veränderung der Liturgie ist eine zentralistische Verordnung von oben, dazu bestimmt, Umgestaltungen rechtzeitig aufzufangen, zu kanalisieren und stillzustellen. Auch darin erweist sich das Konzil autoritärer, als es die alte Ordnung war, die durch Jahrhunderte regionale Wandlungen und Nuancierungen sich entwickeln ließ. Das Konzil und die kurialen Ausführungsorgane nach dem Konzil haben eben diese Vielfalt erfolgreich wegzentralisiert.

Die sich volksnah gebenden Vereinfachungen des Rituals enthüllen sich in Verbindung mit der Verbalisierung der Liturgie nicht als Zubilligung von Eigenaktivität der Beteiligten, sondern – verknüpft mit der Verschiebung vom Ritual zum Wort – als ein besonders subtiles Mittel der bis in die Körperlichkeit eindringenden Pädagogisierung – so die provokativen Thesen von Lorenzer.

Somit lasse sich eine Tendenz der Indoktrinierung, der Pädagogisierung und Intellektualisierung ausmachen. Damit sei das vormalige Widerstandspotential, das im Ritual stecke, beseitigt worden. Nunmehr trete an die Stelle des Widerstands der sinnlich-symbolischen Interaktionsformen eine die Indoktrinierung noch steigernde Disziplinierung. Dies werde sichtbar in jeder Messe, die in der neuen Form abgehalten werde. Der Altar sei einfach in die Mitte gerückt worden, ohne Berücksichtigung des Gesamtsymbolraums Kirche. Die Nebenaltäre seien dadurch überflüssiges Mobiliar geworden: „An den Kirchenwänden stehen die Seitenaltäre als nutzlose Tische mit merkwürdig anmutenden Würfelaufbauten, denn mit der Wegnahme von Kreuz und Leuchtern haben diese jeden erkennbaren Sinn verloren und nehmen sich aus wie verbrauchte Wohnzimmerkommoden im Trödlerladen."[27] Es sei letztlich eine Barbarei, die eigenmächtig ruiniere, was allen gehöre. Lorenzer, der kein Interesse an der katholischen Liturgie hat, will mit seinem Buch zeigen, dass in der Kirche auch die Reform autoritär durchgeführt werde. Insofern bleibe sie als autoritäres System sich selbst ähnlicher, als ihr bewusst sei, auch wenn sie von Reform rede.

Bernhard Hanssler: Fürbitteninflation als Schädigung des Gebetes

Immer häufiger tauchte der Ruf nach einer zweiten Liturgiereform auf, die die Nachteile der ersten unterbinden sollte. Expressis verbis erhoben hat sie Prälat Bernhard Hanssler. Im Stil von Balthasar Fischer monierte Hanssler bestimmte Krankheitsformen, an denen die Liturgie nach der Reform laboriere. Besonders erwähnte er die Fürbitten-Literatur. Was da in den letzten Jahren auf den Markt geworfen worden sei, mache schier fassungslos. Die geäußerten Bitten wüchsen nicht aus einem intensiven Gebetsleben hervor, sondern es handle sich eher um die Zeitungslektüre des Samstags, aus der die Bitten generiert würden, um am Schreibtisch zusammengestoppelte Assoziationen, um den Katalog der Kümmernisse und Unzulänglichkeiten des Lebens.

Hanssler hatte sogar einen Scherz auf Lager. Es sei die Frage, ob überhaupt die Anrufungen in der Gemeinde hörend aufgenommen, verstehend angeeignet, aufrichtig mitvollzogen werden könnten, da viele Fürbitten-Hersteller nicht darauf achten würden. „Es wäre ein frivoles Stück, wenn ein boshafter Vorbeter zwischendurch eine groteske Bitte einschöbe, aber des freudig-mechanischen responsorischen Echos könnte er gewiß sein.“[28] Hanssler befürchtete, dass durch diese inflationäre Fürbitten-Produktion die Theologie des Gebetes dauerhaft Schaden nehme. Zusammenfassend stellte er fest: Die Liturgie weise einige Schadstellen auf, die ohne Schwierigkeiten nachgebessert werden könnten. Viel notwendiger aber erachtete er ein Liturgieverständnis als „heilige Begehung“.

Alex Stock: die metarituelle Besprechung des Ritus

In dieselbe Richtung ging ein Vorstoß von Alex Stock, den er in der Zeitschrift *Diakonia* veröffentlichte. Auch er bemängelte die neue Leerstelle, die nun für das allgemeine Gebet zum Abschluss des Wortgottesdienstes vorgesehen war: „Eben diese Offerte entwickelte sich zum Sog einer geradezu überbordenden Textproduktion. Von der gewünschten Spontaneität der Jugendmessen bis zu den professionellen Lieferanten liturgischer Fertigkost ist das Formulieren von Fürbitten in immer neuen Varianten eine beliebte Tätigkeit geworden. Reichskulturelles Hierarchiedenken, persönliche Betroffenheit, konventionelle Floskeln für vage Wünsche oder versteckte Interessen mischen sich miteinander. Moralische Appelle an an- oder abwesende Adressaten werden in die Umleitungsfigur von Fürbitten gegossen. Bei den älteren Litaneien konnte man absehen, woran man sein „Wir bitten dich, erhöre uns“ anhängte, bei den neueren Eilanträgen wird man zu schnellen Entscheidungen veranlasst, deren mechanischen Vollzug man sich ehrlichkeitshalber manchmal nur durch Schweigen entziehen kann.“[29]

In den Blick nahm Stock auch den Eröffnungsteil der Messe, der vom Vorsteher meist als Konstituierung einer religiösen Versammlung interpretiert werde: „Daß er sich mit dem rituellen ‚Der Herr sei mit euch‘ nicht begnügen mag, ist verständlich; der Übergang zu einer kleinen Begrüßungsansprache zum Sonntag im Jahreskreis mit kurzer Vorschau auf das Programm (In der heutigen Lesung sagt uns der Hl. Paulus … Im Evangelium hören wir …) liegt nahe. Die lateinische Rubrik (sacerdos potest brevissimis verbis introducere fideles in Missam illius diei) hat wahrscheinlich schon geahnt, zu welcher Lust hier der Anlaß gegeben wurde“.[30] Als Hauptproblem sah Stock das metarituelle Besprechen des Ritus. Der Ritus wird nicht einfach mehr vollzogen, sondern es wird permanent über ihn gesprochen. In einer Zeit der Moderationseuphorie, der DJs und Fernsehentertainer sah Stock die Liturgie in eine ähnliche Richtung mutieren.

Als Ergebnis des Durchgangs kann festgehalten werden, dass die Klage über die Sermonitis in der reformierten Liturgie, über zu viel Verbalismus und Kommentierung fast einstimmig erhoben wurde.

Joseph Ratzinger: Kreativität ist keine Kategorie der Liturgie

Eine neue Qualität bekam dieses Monitum, als Joseph Ratzinger, Präfekt der Glaubenskongregation und später Papst Benedikt XVI., in diese Debatte eingriff. Mit dem

Titel seines Buches *Der Geist der Liturgie. Eine Einführung* bezog er sich bewusst auf Romano Guardini, wenngleich er dessen Formulierung „Vom Geist der Liturgie" nun vereindeutigte. Die von Guardini als Befreiung gemeinte Formulierung „Liturgie sei heiliges Spiel vor Gott", sah Ratzinger als Einfallstor von Beliebigkeit. Für ihn sind Kult und Recht nicht voneinander zu trennen. Seinen immer schon artikulierten Vorbehalt, dass die Kirche in einer politischen Zeitströmung einer Kulturrevolution diese Strömungen gegen sich selbst gewendet habe, bezieht er nun auch auf die Liturgiereform. Liturgie werde zu sehr auf Befreiung reduziert und dadurch letztlich banalisiert. Das Buch Exodus werde dabei falsch gedeutet. Das Ziel des Exodus sei nicht, wie häufig behauptet, der Aufbruch und der Auszug aus Ägypten, sondern die Anbetung, um Gott dienen zu können. Der ursprüngliche Befehl Gottes an den Pharao laute: „Gib mein Volk frei! Sie sollen mir in der Wüste dienen!" (Ex 7,16). Diese Worte wurden viermal wiederholt (Ex 7,26; 9,1; 9,13; und 10,3). Als Ziel des Exodus erscheint die Anbetung, die allein nach Gottes Maß geschehen könne und daher den Spielregeln des politischen Kompromisses entzogen sei. Daraus folgt für Ratzinger, dass Kult, Recht und Ethos unauflöslich zusammengehören. Es gibt eine Unbeliebigkeit des Kultes, gegen die in der reformierten Liturgie oft verstoßen werde. Man hält den unsichtbaren geheimnisvollen Gott nicht mehr aus, holt ihn zu sich herunter. Kult ist dann nicht mehr ein Hinaufsteigen zu Gott, sondern ein Herunterziehen Gottes ins Eigene. Daraus wird ein Kult aus eigener Vollmacht, er wird zum Fest, das die Gemeinde veranstaltet, die sich darin selbst bestätigt und um sich selbst kreist. „Aus Anbetung Gottes wird ein Kreisen um sich selber: essen, trinken, vergnügen. Der Tanz um das goldene Kalb ist das Bild dieses sich selbst suchenden Kultes, der zu einer Art von banaler Selbstbefriedigung wird. Die Geschichte vom goldenen Kalb ist eine Warnung vor einem eigenmächtigen und selbstsüchtigen Kult, in dem es letztlich nicht um Gott, sondern darum geht, sich aus Eigenem eine kleine alternative Welt zu geben. Dann wird Liturgie allerdings wirklich zu leerer Spielerei. Oder schlimmer: zu einem Abfall vom lebendigen Gott, der sich unter einer sakralen Decke tarnt. Aber dann bleibt am Ende auch Frustration, das Gefühl der Leere. Jene Erfahrung der Befreiung stellt sich nicht mehr ein, die überall da Ereignis wird, wo wahre Begegnung mit dem lebendigen Gott geschieht."[31]

Eine so gemachte Liturgie aber ist – und sei sie noch so kreativ – keine Liturgie mehr. Kreativität nämlich könne überhaupt keine authentische Kategorie des Liturgischen sein, sie stamme aus marxistischem Vokabular. „In die Liturgie gehört solche Art von Schöpfertum nicht hinein. Sie lebt nicht von den Einfällen des Einzelnen oder irgendwelcher Planungsgruppen. Sie ist ganz umgekehrt Ein-Fall Gottes in unsere Welt, und der befreit wirklich. Er allein kann die Türen ins Freie öffnen. Je mehr sich Priester und Gläubige diesem Ein-Fall Gottes demütig hingeben, desto neuer wird die Liturgie immer wieder sein, und desto persönlicher und wahrer wird sie. Ja, persönlich, wahr und neu wird die Liturgie nicht durch banale Worterfindungen oder Spielereien, sondern durch den Mut, der sich auf den Weg macht ins Große hinein, das uns durch den Ritus immer schon voraus ist und das wir nie ganz einholen."[32]

Martin Mosebach: Ein Literat greift in die Debatte um die Liturgiereform ein

Martin Mosebach hat in seiner Programmschrift *Häresie der Formlosigkeit* Kardinal Ratzinger beigepflichtet. Papst Paul VI. habe mit der Abschaffung der alten römischen Liturgie aus einer gewachsenen Liturgie eine gemachte produziert. Der schlimmste Schaden, der daraus entstanden sei: man müsse nun permanent über die Liturgie sprechen. Man feiere nicht mehr Liturgie, sondern beurteile sie. Man betrete nicht mehr die Kirche, um Gott anzubeten, sondern wie ein Theaterkritiker. Mosebach liefert in seinem Buch eine Abrechnung mit der älteren Generation, gerade auch seinen Eltern, die der Liturgischen Bewegung auf Burg Rothenfels verbunden waren: „Ich bin nach dem Krieg, 1951, geboren. Als Kind erlebte ich bei meinen Eltern ältere Herrschaften, Intellektuelle mit schlohweißem Haar. Die Männer hatten einen sogenannten Cäsarschnitt, die Frauen Pony, und sie trugen unförmige Bernsteinketten zum Sackkleid. Die Moderne hatte für mich ein greisenhaftes Antlitz. Die prägende Erfahrung dieser Menschen war die Jugendbewegung vor dem Ersten Weltkrieg. Sie ist der große Ideenkochtopf des Jahrhunderts. Politische Bewegungen, die Todfeinde wurden, haben Pate gestanden, man denke an den Kommunismus und Nationalsozialismus. Und nicht nur Nacktkultur, Feminismus, Vegetarismus, Lebensreform, Neuheidentum, pseudoindische Meditation, Gay Liberation, Klampfenmusik und das Bauhaus haben hier Wurzeln und Ursprünge, sondern auch die Liturgiereform … Und diesem vergreisten Avantgardismus meinte sich die Kirche in ihrem Aggiornamento öffnen zu müssen, um zu überleben."[33]

Mosebach ordnet die Liturgiereform ein in die großen Reformbewegungen zu Beginn des 20. Jahrhunderts wie Lebensreform, Vegetarismus, Nudismus, Feminismus und deren Depravationen im Nationalsozialismus und Sozialismus. Mit dieser Einordnung will er die Liturgische Bewegung bewusst diskreditieren.

Benedikt XVI.: Ein Papst setzt seine Liturgieauffassung durch

Mit der Wahl von Kardinal Ratzinger zum Papst veränderte sich die Ausgangslage entscheidend. Er versuchte nun als Papst die Wiederaussöhnung mit den Pius-Brüdern und ließ in seinem Apostolischen Schreiben *Summorum Pontificum* vom 7. Juli 2007 den alten Ritus als außerordentlichen Ritus wieder zu: „Das von Paul VI. promulgierte Römische Messbuch ist die ordentliche Ausdrucksform der ‚Lex orandi' der katholischen Kirche des lateinischen Ritus. Das vom heiligen Pius V. promulgierte und vom seligen Johannes XXIII. neu herausgegebene Römische Messbuch hat hingegen als außerordentliche Ausdrucksform derselben ‚Lex orandi' der Kirche zu gelten; aufgrund seines verehrungswürdigen und alten Gebrauchs soll es sich der gebotenen Ehre erfreuen. Die zwei Ausdrucksformen der ‚Lex orandi' der Kirche werden auch keineswegs zu einer Spaltung der ‚Lex credendi' der Kirche führen; denn sie sind zwei Ausdrucksformen des einen Römischen Ritus" (Art. 1).

Damit sollten nicht nur die mit dem neuen Ritus immer wieder genannten Schwierigkeiten innerhalb des neuen Ritus beseitigt werden, sondern der alte Ritus sollte noch einmal eine Chance bekommen. Die anderen stets benannten Schwierigkeiten und Unzufriedenheiten wollte der

Papst in den Papstliturgien abstellen und so ein neues Bewusstsein wecken: Genannt sei nur das Kreuz auf dem Altar, das die in der Kirche verlorengegangene Ostung wiederherstellen sollte, und der kniende Kommunionempfang in Form der Mundkommunion. Daneben kam es auch zu ästhetischen Neuerungen: Benedikt benutzte als Hirtenstab die Ferula von Papst Pius IX. und ersetzte den päpstlichen Thron durch eine ältere Kathedra. Insgesamt zeigt sich darin die kritische Stellung zum Zweiten Vatikanischen Konzil und dessen Rezeption.

Papst Franziskus: keine Reform der Reform

Mit dem Rücktritt von Papst Benedikt XVI. am 11. Februar 2013 und der Wahl von Kardinal Bergoglio zum neuen Papst hat sich die Lage für die Liturgie – auch wenn immer wieder von Kontinuität gesprochen wird – radikal geändert. Papst Franziskus kommt aus der Tradition der lateinamerikanischen Theologie und Pastoral. Er sieht das Konzil nicht in der Spannung der Hermeneutik der Kontinuität und der Diskontinuität, sondern interpretiert es als neue Lesart des Evangeliums im Kontext der heutigen Zeit. Der Primat liegt bei ihm auf der Diakonie und nicht auf der Liturgie. Im Apostolischen Schreiben *Evangelii Gaudium* vom 24. November 2013 warnt er vor der Versuchung einer ostentativen Pflege der Liturgie, ohne sich um die Einwurzelung des Evangeliums im Gottesvolk und die konkreten Erfordernisse der Geschichte zu sorgen. „Auf diese Weise verwandelt sich das Leben der Kirche in ein Museumsstück oder in ein Eigentum einiger weniger“ (EG 95).

Auf die Frage von Antonio Spadaro SJ in seinem Interview mit dem Papst nach dem Bedürfnis einiger Gläubigen, zur lateinischen Sprache und der alten Form der Liturgie zurückzukehren, sagte Franziskus mit Blick auf die vatikanische Annäherung an die Priesterbruderschaft St. Pius X. während des vergangenen Pontifikates: „Papst Benedikt hat eine richtige und großzügige Geste vollzogen, indem er auf eine gewisse Mentalität verschiedener Gruppen und Menschen zugegangen ist, die nostalgisch waren und sich entfernt hatten … Aber das ist eine Ausnahme. Deswegen sprechen wir ja auch von der ‚außerordentlichen' Form des Ritus. Das ist nicht die ordentliche Form."[34] Man müsse das Zweite Vatikanische Konzil und die Liturgiekonstitution *Sacrosanctum Concilium* ihrem Sinn nach umsetzen. In der Vergangenheit war vor allem vom Präfekten der Liturgiekongregation, Kardinal Robert Sarah, eine ‚Reform der Reform' vorgeschlagen worden und damit auch eine Wiedereinführung der gemeinsamen Gebetsrichtung aller Gläubigen wie vor dem Konzil. Das aufgreifend, formuliert der Papst im Interview mit Pater Spadaro: „Von einer Reform der Reform zu sprechen ist ein Irrtum."

Wider die Taktik des Mauerns: Franziskus und die Medien

Nach seinem überraschenden Rücktritt vom Papstamt, den er am 11. Februar 2013 für den 28. Februar um 20:00 Uhr ankündigte, traf sich Papst Benedikt XVI. zwei Tage später mit dem römischen Klerus, um sich von ihm zu verabschieden. Dabei hielt er eine frei formulierte Rede über seine Erkenntnisse zum Zweiten Vatikanischen Konzil. Am Schluss stellte er fest, dass es zwei Konzilien gegeben habe: das wirkliche Konzil und das Konzil der Medien.

Das virtuelle Konzil werde aber seiner Meinung nach immer mehr an Bedeutung verlieren.

Diese Ansprache zeigt wie im Brennglas das Bemühen von Papst Benedikt XVI., das Zweite Vatikanische Konzil in seinem Sinn zu interpretieren und seine Rezeption auf der Basis seiner Unterscheidung zwischen einer Hermeneutik der Diskontinuität und des Bruches und einer Hermeneutik der Reform festzulegen. Das Konzil habe keinen Auftrag gehabt, die Lehre der Tradition substantiell zu verändern, sondern sie lediglich für heute weiterzuschreiben. Für die Hermeneutik des Bruches machte der Papst vorwiegend diejenigen Theologen verantwortlich, die ohne bischöflichen Auftrag ein permanentes Konzil abhalten wollten – hier hatte er die Zeitschrift *Concilium* im Blick, deren Gründung er zwar selbst unterstützt, von der er sich aber bald distanziert hatte –, und daneben die Journalisten, die nur unter der Optik der Innovation am Konzil interessiert gewesen seien. Benedikt wollte ein Konzil pur – ohne das mediale Ereignis Konzil – destillieren. Aber es gab das Konzil nur als ein mediales Ereignis. Genau dadurch ist es zum besonderen Zweiten Vatikanischen Konzil geworden, was im Folgenden gezeigt werden soll.

Anfängliches Desinteresse der Konzilsväter an den Medien

Ein Weltereignis wie das Konzil musste unweigerlich die Weltpresse anziehen. Teilweise waren es bis zu 1000 Journalisten, die akkreditiert waren, bei der Eröffnungsfeier sogar 1200. Für einen solchen Journalistenansturm bedurfte es eines eigenen Pressebüros, das in der Vorbereitungsphase eingerichtet wurde. Es bestand allerdings ein schwerwiegendes Problem: Eine Institution mit der jahrhundertealten Tradition, alle wichtigen Entscheidungen hinter verschlossenen Türen zu treffen, mit ein paar Hintertürchen für Indiskretionen, war im Umgang mit einer freien Presse nicht nur ohne jegliche Praxis, sondern geradezu hilflos. Zudem hatte der bereits ernannte Generalsekretär der Vorbereitungskommission, Kardinal Pericle Felici (1911–1982), der später auch Generalsekretär des Konzils wurde, ein mehr als gespanntes Verhältnis zu den Medien. Für ihn als Kurienbeamten waren sie störend und lästig. Was sich hinter den Mauern des Vatikans abspielte, ging in seinen Augen niemanden etwas an, außer die zuständigen Instanzen waren selbst bereit, etwas öffentlich zu machen. So konnte es nicht überraschen, dass er das Konzil für eine rein innerkirchliche Angelegenheit hielt und vom festen Willen beseelt war, nichts davon nach außen dringen zu lassen. Erst wenn die Beschlüsse gefasst wären, sollte die Öffentlichkeit etwas davon erfahren und die Presse dementsprechend informiert werden. Nach diesen Grundsätzen behandelte Felici auch die Vertreter der Presse.

Am 3. Dezember 1960 berief er die erste Pressekonferenz ein, bei der er die Einrichtung des Konzils-Pressebüros bekanntgab. Er hielt es für erforderlich, dass „die Berichterstattung – abgesehen von aller Rhetorik und journalistischer Aufmachung, die nicht immer erforderlich, aber gelegentlich recht nützlich ist – im Wesentlichen bei Fragen des Glaubens und der Sitten exakt ist und der Lehre der Kirche vollauf entspricht. Die Lücken, die man in der nicht-katholischen oder einfachen Nachrichtenpresse hingehen lässt, können bei der katholischen Presse nicht geduldet werden. Darum ist der Kontakt mit den offiziellen oder wenigstens offiziösen Informationsorganen erforderlich. Ehe man eine sensationelle Neuigkeit weitergibt, muss man feststellen, was an ihr wahr ist ... Ich wünsche, dass sich alle daran halten und ihr Verlangen nach dem Überraschenden und Sensationellen beherrschen. Besser eine Minute später mit einer wahren Nachricht als eine Minute früher mit einer falschen ..." Er fuhr fort, das Pressebüro werde von Zeit zu Zeit nützliche und wahre Informationen mitteilen, die nach Möglichkeit den Bedürfnissen der Journalisten entsprächen. „Ich erinnere Sie, meine Herren, an das lateinische Sprichwort: ‚Von Freunden verlangt man nur Ehrenhaftes'. Dringen Sie nicht in Dinge ein, die für Sie verschlossen und Ihnen verwehrt sind. Nur unter dieser Voraussetzung werden wir gute Freunde sein."[35] Im Anschluss daran ermahnte Felici die Journalisten, ein integres Familienleben zu führen.

Am 21. Mai 1961 wusste Felici bei einer weiteren Pressekonferenz zu berichten, dass das Pressebüro nach Bedarf organisiert werde. „Der Bedarf ist heute begrenzt, und daher ist die Tätigkeit des Büros eine begrenzte. Die Öffentlichkeit und die Journalisten müssen sich gedulden. Und wenn auch der Papst oft erklärt hat, dass es äußerst wünschenswert ist, wenn die Gläubigen dem Konzil ein lebhaftes Interesse entgegenbringen, so darf man doch nicht vergessen, dass das Konzil ein Akt der höchsten Lehr- und Regierungsgewalt der Nachfolger der Apostel unter der Autorität des Papstes ist. Alle müssen zu diesem mit ehrfürchtigem Schweigen aufschauen und den Heiligen Geist bitten, sie zu erleuchten ..."[36]

Die Empörung der Weltpresse über diese Form der Behandlung war vorauszusehen. Das Unverständnis wuchs aber nun auch auf der anderen Seite: Nur knapp zwei

Monate nach der ersten Pressekonferenz am 30. Januar 1961 distanzierte sich der Wiener Kardinal König mehr als deutlich vom Verhalten Felicis: „Äußerlich erscheint das Konzil als eine Sache des Papstes und der Bischöfe; in Wirklichkeit ist es Sache der ganzen katholischen Kirche, das heißt aller Gläubigen. Von Ihnen, den katholischen Journalisten, hängt es zum guten Teil ab, ob es wirklich so sein wird … Ich denke hier vor allem an Journalisten, die nicht in der katholischen Presse schreiben … Es ist die Aufgabe der Journalisten, das öffentliche Gewissen der Katholiken zu sein. Wenn Sie etwas über das Konzil zu sagen haben, warten Sie nicht auf ein Wort des Bischofs, nicht auf Nachrichten aus Rom. Warnen Sie, so Sie glauben, warnen zu müssen; gehen Sie mutig voran, wo Sie glauben, vorangehen zu müssen; informieren Sie, sooft sich eine Gelegenheit bietet, die Welt über das Konzil zu informieren. Wenn Sie das Konzil zu Ihrer Sache machen, dann wird auch das Konzil die Sache aller Christen werden. Reden Sie auch von allem, was die öffentliche Meinung und die Gläubigen vom Konzil erwarten."[37] Angesichts dieser Turbulenzen sah sich schließlich der Papst selbst herausgefordert, eine eigene Rede vor der Auslandspresse zu halten.

Am 24. Oktober 1961 äußerte Johannes XXIII. sein Verständnis für die Bedeutung der öffentlichen Meinung und das Anliegen der Journalisten und versprach einen weiteren Ausbau des Pressebüros. Das Konzil als öffentliches und weltpolitisches Ereignis – das war nun verstanden worden, aber es bedurfte weiterer Schritte. Im Mai 1962, bei einer erneuten Rede gegenüber der Auslandspresse, war ein neuer Ton spürbar. Die Presse sollte sich nicht nur als geduldet empfinden, sondern habe eine wichtige Aufgabe auf dem Konzil: „Wir zählen in der Tat auf Sie, meine Herren(!) und ganz besonders jetzt, beim Herannahen des Zweiten Ökumenischen Vatikanischen Konzils, jenes bedeutenden Ereignisses, von dem man hoffen kann, dass es auch über die Grenzen der Kirche hinaus auf alle Menschen guten Willens einen positiven Einfluß ausüben wird. Zur Erreichung dieses Zieles sind die Presseorgane heute nicht nur ein unentbehrliches Mittel."[38]

Erstaunliches mediales Interesse am Konzil

Während die Kurie sich vom Interesse der Medien gestört fühlte, war die Weltöffentlichkeit durch die Ankündigung des Zweiten Vatikanischen Konzils durch Papst Johannes XXIII. elektrisiert und verfolgte es mit Interesse und Spannung. Mit einer solchen Nachfrage hatten die Initiatoren des Konzils nicht gerechnet, es bedeutete für sie geradezu einen Schock. Vor allem die großen, nichtkatholischen und liberal ausgerichteten Zeitungen zeigten das größte Interesse und scheuten keine Unkosten, um eigene Korrespondenten zu akkreditieren. Es waren dies in Deutschland die *FAZ* und *Die Zeit*, in der Schweiz *Die Neue Zürcher Zeitung* und die *Nationalzeitung*, in Frankreich *Le Monde* – der Henri Fesquet das Privileg einräumte, dass keiner seiner langen Artikel gekürzt werden durfte –, in den USA die *New York Times*, in den Niederlanden *Der Nieuwe Rotterdamsche Courant* und in Italien, neben vielen anderen, der *Corriere della Sera*. In Spanien beschwerten sich sogar Leser, sie würden in der Berichterstattung auf Hungerration gesetzt. Allmählich zogen auch die katholischen Presseorgane nach. Neu gegründet wurden die Zeitschriften *The Ecumenist*, *The Ecumenical Catholic Quarterly* und *Oecumene* (vorher *Het Schild*), die unter neuem Titel von einer apologetischen, konfessionell ausgerichteten Zeitschrift zum Organ einer ökumenischen Zeitschrift mutierte. Als direkte Folge des Konzils mit ausschließlicher Konzilsthematik entstanden *Concil Avin* (katalanisch) und *Vaticanum Secundum* (niederländisch). Letztere zählte vier Monate nach ihrem ersten Erscheinen 6000 Abonnenten. Die französische Tageszeitung *La Croix* gewann bei Eröffnung des Zweiten Vatikanischen Konzils durch die eigene ausführliche Konzilsberichterstattung 50000 Abonnenten hinzu.

Diesem Interesse der Weltöffentlichkeit stand die Informationspolitik der römischen Autoritäten gegenüber, die eine strenge Geheimhaltungspflicht vorsah, die den Konzilsvätern auferlegt wurde (vgl. Art. 26 des Konzilsreglements). Allerdings konnte diese Politik des Mauerns nicht durchgehalten werden. So wurde das offizielle Pressebüro aus der Abhängigkeit vom Generalsekretär des Konzils befreit. Dieser Vorgang begann mit der Vorlage eines langen Berichts „de nuntiis dandis" am 29. März 1963, der von Felici eingeleitet wurde. Das Dokument atmet einen Geist der Öffnung, der vom Generalsekretär so nicht erwartbar war. Tatsächlich stammt der Bericht nicht von ihm, sondern von Msgr. Fausto Vallainc (1916–1986), seit 1961 Leiter des Pressebüros (*Ufficio Stampa*). Er spricht sich für eine Lockerung des Konzilsgeheimnisses aus, das durch mehr oder weniger autorisierte Indiskretion ohnehin suspendiert sei. Gemeint waren die Pressekonferenzen von Konzilsvätern, die Übermittlung von Abstimmungsergebnissen, der Abdruck kompletter Sitzungsprotokolle in diversen Zeitungen sowie Aktivitäten der nationalen

Dokumentationszentren. Der Berichterstatter zeigte drei mögliche Lösungswege auf. Man könne eine Pressetribüne in der Konzilsaula einrichten oder einen Konzilsvater damit beauftragen, innerhalb seiner Sprechergruppe einen mündlichen Bericht abzugeben. Verwiesen wurde dabei auf das Beispiel der amerikanischen „Panels“ in der ersten Sitzungsperiode 1962. Unter der Führung der Bischöfe aus den Vereinigten Staaten und insbesondere von Bischof John Joseph Wright (1909–1979) von Pittsburgh wurden die Journalisten täglich um 15:00 Uhr in ein Gebäude an der Via della Conciliazione eingeladen, um die Ereignisse und besonders die Generalversammlung des Konzils kommentiert zu bekommen, die eine Stunde vorher geendet hatte. Dieses Treffen war die einzige Quelle für die Redakteure der englischsprachigen Tageszeitungen. Ohne diese täglichen Informationen wären die Journalisten längst abgereist. Als dritte Möglichkeit wurde vorgeschlagen, man könne einen oder mehrere Bischöfe ernennen, die die täglichen Pressekommuniqués kommentieren könnten.

Infolge des Todes von Papst Johannes XXIII. am 3. Juni 1963 konnte die Entscheidung darüber erst am 4. Juli 1963 bei der nächsten Sitzung der Kommission erfolgen. Es kam zum Vorschlag eines „organismo centrale“, der die maßgebliche Autorität über die Konzilsinformationen darstellen und das Konzil gegenüber der Presse vertreten sollte. Man wollte als Leiter einen Kardinal ernennen. Kardinal Döpfner schlug Kardinal König von Wien vor.

Am 31. August 1963 wurde dann die Angelegenheit des Pressekomitees endgültig geregelt: Den Vorsitz erhielt Erzbischof Martin John O'Connor (1900–1986), der bereits

Vizepräsident für die Konzilskommission des Laienapostolats war und als Fachmann für die sogenannten Sozialen Kommunikationsmittel galt. Gelockert wurde nun auch das Konzilsgeheimnis: Die Geheimhaltung sollte nur noch für die Schemata, also die Entwürfe der Konzilsbeschlüsse, und die Kommissionsarbeiten gelten, für die Diskussionen in der Vollversammlung wurde auf die „nötige Diskretion" gedrungen. Von erheblicher Bedeutung war ferner, dass Pierre Haubtmann (1912–1971), der Sprecher der französischsprachigen Presse, die Redebeiträge der Konzilsväter namentlich identifizieren konnte. Das neue Pressekomitee hatte es noch für angebracht gehalten, die Redebeiträge ohne Namen zu veröffentlichen. Die anderen Sprachgruppen konnten nun diesem Beispiel folgen: „Was die bedeutungslosen und gelegentlich sogar infantilen Pressekommuniques aus dem Jahr 1962 noch mit einem Schleier bedecken wollten, nämlich die unterschiedlichen Auffassungen in der Konzilsaula, war gerade das, was das neue Leben der katholischen Kirche, die zum Konzil zusammengerufen war, zum Ausdruck brachte. Was die Verantwortlichen des Konzils in dessen Anfängen als intolerable und diffamierende Indiskretionen ansah, bildete in den Augen der Weltöffentlichkeit ein Motiv aufrichtiger Sympathie und unter den Christen einen Grund zur Hoffnung. So tief war der Graben zwischen den Sichtweisen gewisser konservativer, und keineswegs nur römischer, Milieus einerseits und der öffentlichen Meinung andererseits, zwischen einer klerikalen Tradition auf der einen Seite und den Perspektiven einer Erneuerung der Kirche auf der anderen. Diesen Graben versuchten die Journalisten auf dem Konzil mit ihren Mitteln zu überbrücken."[39]

Dieses Dekret geht zurück auf die Vorarbeit des zu Pfingsten 1960 errichteten vatikanischen Sekretariats für Presse und Schauspiel. Dieses Sekretariat ging zwar zu Beginn des Konzils in die Kommission für das Laienapostolat auf, dennoch lassen sich im Text viele Spuren – eine aus heutiger Sicht geradezu seltsam anmutende Kombination – von Presse und Theater finden. Die Debatte über den Text *De instrumentis communicationis socialis* wurde auf dem Konzil als gewisse Entspannung gegenüber der harten theologischen Arbeit an anderen Vorlagen bewertet. Sie hatte am 23., 24. und 26. November 1962 nur 360 Minuten in Anspruch genommen. Vor allem Länge und Wiederholungen des Schemas wurden bemängelt, und es wurde der Wunsch geäußert, die Rolle der Laien stärker herauszuarbeiten sowie die Sorge um die Jugend zu profilieren. Bei der Abstimmung wurde dann über drei Punkte befunden:

1. Zustimmung zur Kernaussage des Schemas
2. Redaktion eines neuen, kürzeren Textes
3. Publikation einer Pastoralinstruktion

Das Votum ergab eine hohe Zustimmung: Von 2160 Konzilsvätern stimmten 2138 dafür, 15 dagegen, sieben Stimmen waren ungültig. Das Schema war als Ganzes also approbiert und wurde für die beschlossene Reduzierung an die zuständige Kommission zurückgegeben. Der Text wurde in der Zwischensessio gekürzt, ohne dass in die Substanz weiter eingegriffen worden wäre.

Am 14. November 1963 fand die Abstimmung ohne weitere Diskussion statt. Der Relator, Bischof René Stourm (1904–1990), wies auf die erfolgten Veränderungen hin: So sei den Laien mehr Platz eingeräumt und auch die Wachsamkeit und Aufsichtspflicht gegenüber den Jugendlichen eingearbeitet worden. Die Abstimmungen behandelten nacheinander die beiden Kapitel des Dokuments: Prooemium und erstes Kapitel erhielten 1832 placet, 92 non placet, 243 placet iuxta modum und eine ungültige Stimme, beim zweiten Kapitel gab es 1893 placet, 103 non placet, 125 placet iuxta modum und fünf ungültige Stimmen. Die Moderatoren setzten dann fest, in der kommenden Woche noch einmal über das Schema insgesamt abzustimmen – und zwar nur noch mit placet und non placet. Der Termin sollte am 25. November stattfinden.

Ein argentinischer Priester macht Stress

In der Zwischenzeit formierte sich allerdings erheblicher Widerstand gegen den Text: Er strotze von Moral und Banalität. Von amerikanischen Journalisten kam eine Erklärung, die von vier Konzilsperiti unterzeichnet wurde und in der Tendenz besagte, das Dekret sei dazu angetan, die Unfähigkeit des Konzils zu dokumentieren, sich mit der Welt von heute adäquat auseinanderzusetzen.

Jorge María Mejía, ein argentinischer Diözesanpriester und Direktor der argentinischen Zeitschrift *Criterio*, der die Erklärung ebenfalls unterzeichnet hatte, ließ einen Rundbrief mit dem Vermerk „urgente“ zirkulieren: „Verehrte Konzilsväter! Bei nochmaliger Lektüre des Schemas über die Kommunikationsmittel vor der endgültigen Abstimmung sind viele Konzilsväter der Meinung, dass der Text dieses Schemas für ein Konzilsdekret nicht geeignet ist. Die Konzilsväter werden deshalb gebeten, die Ratsamkeit einer negativen Stimmabgabe ernsthaft ins Auge zu fassen, da das Schema den Erwartungen der Christen nicht entspricht, besonders derer nicht, die in dieser Materie bewandert sind. Sollte es als Dekret promulgiert werden, so wird die Autorität des Konzils auf's Spiel gesetzt."[40]

Die Petition von Mejía wurde am Tag der Abstimmung auf Flugblättern außerhalb der Konzilsaula verteilt. Sie war in der Zwischenzeit von 25 Konzilsvätern unterschrieben worden. Als der Generalsekretär des Konzils das bemerkte, versuchte er die Aktion zu stoppen. Schließlich rief er die päpstliche Garde zu Hilfe. Bei dieser Verteilungsaktion waren auch der Mainzer Weihbischof Josef Maria Reuß (1906–1985) und der Paderborner Weihbischof Paul Nordhues (1915–2004) beteiligt. Über den Vorgang kursieren die unterschiedlichsten Berichte.

Im Nachlass von Weihbischof Reuß findet sich eine penible Rekonstruktion der Ereignisse: „Rom, 25. November 1963: Rekonstruktion der Ereignisse, die sich am 25. November um 8:55 Uhr auf dem Petersplatz zutrugen.

Seit etwa 8:30 waren einige Geistliche auf Weisung und unter Aufsicht von Exz. Weihbischof Reuß damit beschäftigt, innerhalb der abgesperrten Zone des Petersplatzes an die eintreffenden Konzilsväter eine Mitteilung, die das Presseschema betraf, zu verteilen. Die Väter nahmen die Mitteilung durchwegs mit Interesse und Wohlwollen auf. Der zu dieser Zeit wachhabende Beamte in Zivil ließ die Verteilung ohne seine weitere Einmischung geschehen, nachdem er über den Sinn der Vorgänge unterrichtet worden war.

Gegen 8:55 Uhr kam Erzbischof Felici mit zwei uniformierten Polizisten auf die mit der Austeilung beschäftigten Geistlichen, unter denen sich auch Exz. Reuß befand, zu und sagte, dass eine derartige Verteilung auf dem Petersplatz verboten sei. Exz. Reuß erwiderte ihm darauf, dass doch er (Exz. Felici) selbst bekannt gegeben hätte, dass ein derartiges Verbot nur für die Konzilsaula bestünde. Dies verneinte Exz. Felici entschieden und wollte einem der Geistlichen das Schriftmaterial aus der Hand nehmen. Exz. Reuß stellte sich schützend vor den Geistlichen, nahm diesem die Blätter aus der Hand und machte eine Wendung nach links, als wollte er das Material in seinem Auto sicherstellen. Da entriß Erzb. Felici dem Weihbischof Reuß die Blätter. Exz. Reuß protestierte dagegen und betonte in lateinischer Sprache, er habe das Recht, hier auf dem Petersplatz die Schriftstücke zu verteilen und Erzb. Felici könnte ihm die Ausübung dieses Rechtes nicht verbieten. Exz. Felici bestand darauf, dass es sowohl auf dem Petersplatz wie in der Aula verboten sei, Schriften zur Verteilung zu bringen und nahm auch den übrigen Geistlichen das zu verteilende Material ab."[41]

Die Abstimmung am 25. November erbrachte schließlich 1598 placet, 503 non placet und elf ungültige Stimmen. Das Schema war also angenommen – wenn auch die Stimmen der Gegner während der Beratungen zugenommen hatten. Die feierliche Abstimmung fand am 4. Dezember statt: Hier gab es 1960 placet und immer noch 164 non placet Stimmen. Damit war dieses Dekret die Verlautbarung des Zweiten Vatikanischen Konzils mit den meisten Nein-Stimmen.

Das Konzil und die Medien

Das Dokument *Inter mirifica* und seine Behandlung auf dem Zweiten Vatikanischen Konzil haben eine mehrfache

Bedeutung: Das Dekret – so bringt es Hans-Joachim Sander auf den Punkt – beweist eindrücklich die Notwendigkeit des Zweiten Vatikanischen Konzils. Es zeigt, wie wenig die Kirche vor dem Konzil in der Lage war, die Welt als eine medial vermittelte Öffentlichkeit zu begreifen, geschweige denn zur Sprache zu bringen oder in die Welt des Glaubens zu integrieren.[42] Die Kirche wird mit einer Ordnungslehre außerhalb der Welt thematisiert, nicht als Akteurin darin.

Eine Medienkritik kann aber nur dann ernst genommen werden, wenn sie auf der Höhe der Probleme ist. Genau das war der Text von *Inter mirifica* nicht. Er tut so, als könne die Kirche die Öffentlichkeit als Basis für das Zusammenleben umgehen oder sie sich gar ersparen. Der Text zeigt ferner, dass die Medien als Zeichen der Zeit nicht erkannt wurden. Dieses Defizit ist die unhintergehbare Lehre des Textes: In diesem Sinn ist er bleibend bedeutsam.

Der eigentlich wegweisende Text zu den Medien wurde schließlich die in *Inter mirifica* angekündigte Pastoralinstruktion *Communio et progressio* (1971). Sie formuliert eine Medien-Ekklesiologie auf der Höhe der Zeit. „Während seines Erdenwandels erwies sich Christus als Meister der Kommunikation. In der Menschwerdung nahm er die Natur derer an, die einmal die Botschaft, welche in seinen Worten und seinem ganzen Leben zum Ausdruck kam, empfangen sollten. Er sprach ihnen aus dem Herzen, ganz in ihrer Mitte stehend. Er verkündete die göttliche Botschaft verbindlich, mit Macht und ohne Kompromiß. Andererseits glich er sich ihnen in der Art und Weise des Redens und Denkens an, da er aus ihrer Situation heraus sprach. Tatsächlich ist Kommunikation mehr als nur

Äußerung von Gedanken oder Ausdruck von Gefühlen; im tiefsten ist sie Mitteilung seiner selbst in Liebe. Die Kommunikation Christi ist Geist und Leben" (CeP 11).

Aus dieser theologischen Grundlegung ergeben sich ganz neue Standards für die kirchliche Medienarbeit. Es geht um Qualität gerade auch der kirchlichen Beiträge im Medienbereich. Sie müssen Maß nehmen an den Standards der Medien. Ferner wird darauf hingewiesen, dass die Kirche selbst der öffentlichen Meinung bedarf. Diese impliziert freie Rede und eine Kultur des Dialogs: „Dem Leben der Kirche würde etwas fehlen, wenn es in ihr an öffentlicher Meinung mangelte" (CeP 115).

Die Forderung von Papst Benedikt XVI., ein Konzil der Medien von einem vermeintlich wahren Konzil zu trennen, ist auf diesem Hintergrund nichts anderes als der Rückweg von *Communio et progressio* zu *Inter mirifica*. Anders gesagt: der Weg zurück von der Kirche als Dialogpartnerin zur Ordnungsinstanz der Welt. Dieser Weg aber ist versperrt. Es gibt kein Jenseits der Medien.

Papst Franziskus und die Medien

Ganz anders Papst Franziskus und die Medien: Er empfing die Journalisten unmittelbar nach seiner Wahl am 16. März 2013 in der Aula Pauls VI. Damit wollte er seine Wertschätzung gegenüber den Journalisten zum Ausdruck bringen, die über das Konklave und die Papstwahl berichtet hatten. Er sprach sie an mit „Liebe Freunde" und dankte ihnen für die intensive Form der Berichterstattung seit der Ankündigung des Rücktritts von Papst Benedikt.

Dabei hielt er zunächst fast eine ekklesiologische Vorlesung: „Kirchliche Ereignisse sind sicher nicht komplizierter als politische oder wirtschaftliche! Sie haben aber einen grundlegend spezifischen Charakter: Sie entsprechen einer Logik, die nicht prinzipiell den – um es so zu sagen – weltlichen Kategorien zugehört, und eben daher ist es nicht leicht, sie einer breiten und bunten Öffentlichkeit zu erklären und zu vermitteln. Selbst wenn die Kirche gewiss auch eine menschliche, geschichtliche Institution ist mit allem, was damit verbunden ist, so hat sie doch keine politische, sondern eine wesentlich geistliche Natur: Sie ist das Volk Gottes, das heilige Volk Gottes, das unterwegs ist zur Begegnung mit Jesus Christus. Nur in dieser Perspektive kann man vollkommen erklären, was die katholische Kirche bewirkt.

Christus ist der Hirte der Kirche, aber seine Gegenwart in der Geschichte geht über die Freiheit der Menschen: Unter ihnen wird einer ausgewählt, um als sein Stellvertreter, als Nachfolger des Apostels Petrus zu dienen, doch Christus ist die Mitte, nicht der Nachfolger Petri – Christus. Christus ist die Mitte. Christus ist der Grund und Bezugspunkt, das Herz der Kirche."

Und er fuhr fort: „Ihre Arbeit braucht Studium, Gespür und Erfahrung wie viele andere Berufe, doch bringt sie eine besondere Aufmerksamkeit gegenüber der Wahrheit mit sich; und dies bringt uns nahe, da die Kirche da ist, um genau das mitzuteilen: das Wahre, das Gute und das Schöne „in Person". Es sollte klar erscheinen, dass wir alle gerufen sind, nicht uns selbst mitzuteilen, sondern diese wesentliche Dreiheit, welche das Wahre, das Gute und das Schöne bilden."

Und dann schlug er einen völlig neuen, vorher nie gekannten Ton an. Er ließ die versammelten Journalisten einen Blick tun in eine verbotene Zone, die für Journalisten das Aufregendste ist. Er erzählte ihnen eine Geschichte aus dem Konklave, wie es zu seiner Wahl des Namens kam: „Manche wussten nicht, warum der Bischof von Rom sich Franziskus nennen wollte. Einige dachten an Franz Xaver, an Franz von Sales und auch an Franz von Assisi. Ich erzähle Ihnen eine Geschichte. Bei der Wahl saß neben mir der emeritierte Erzbischof von São Paolo und frühere Präfekt der Kongregation für den Klerus, Kardinal Claudio Hummes – ein großer Freund, ein großer Freund! Als die Sache sich etwas zuspitzte, hat er mich bestärkt. Und als die Stimmen zwei Drittel erreichten, erscholl der übliche Applaus, da der Papst gewählt war. Und er umarmte, küsste mich und sagte mir: „Vergiss die Armen nicht!" Und da setzte sich dieses Wort in mir fest: die Armen, die Armen. Dann sofort habe ich in Bezug auf die Armen an Franz von Assisi gedacht. Dann habe ich an die Kriege gedacht, während die Auszählung voranschritt bis zu allen Stimmen. Und Franziskus ist der Mann des Friedens. So ist mir der Name ins Herz gedrungen: Franz von Assisi. Er ist für mich der Mann der Armut, der Mann des Friedens, der Mann, der die Schöpfung liebt und bewahrt. Gegenwärtig haben auch wir eine nicht sehr gute Beziehung zur Schöpfung, oder? Er ist der Mann, der uns diesen Geist des Friedens gibt, der Mann der Armut. … Ach, wie möchte ich eine arme Kirche für die Armen! Einige haben dann verschiedene scherzhafte Bemerkungen gemacht. ‚Aber du müsstest dich Hadrian nennen, denn Hadrian VI. war der Reformer; es braucht Reformen …' Ein anderer sagte mir: ‚Nein, nein, dein Name müsste Clemens sein.' ‚Aber warum?' ‚Clemens XV.: So rächst du dich an Clemens XIV., der den Jesuitenorden aufgehoben hat.' Es sind Scherze … Ich bin Ihnen sehr verbunden und danke Ihnen für alles, was Sie getan haben." Damit war eine völlig neue Beziehung zur Presse eröffnet. Journalisten wurden nicht mehr als Störenfriede gesehen, sondern als Experten und geradezu als Mitwisser interner Vorgänge. Sie fühlten sich ernstgenommen. Dann sprach er einen Satz mit Hintersinn: „Von Herzen segne ich Sie alle." Er löste seine Bedeutung so auf: „Ich habe gesagt, dass ich Ihnen von Herzen meinen Segen erteilen würde. Da aber viele von Ihnen nicht der katholischen Kirche angehören, andere nicht gläubig sind, erteile ich von Herzen diesen Segen in Stille jedem von Ihnen mit Respekt vor dem Gewissen jedes Einzelnen, aber im Wissen, dass jeder von Ihnen ein Kind Gottes ist. Gott segne Sie."

Ein Segen mit Diskretion, mit Respekt. Stärker kann man Sympathie nicht zum Ausdruck bringen. Das Verhältnis zur Weltpresse war im Nu ein anderes.

Wider das vertikale Schisma. Zur Frage der wiederverheirateten Geschiedenen nach dem nachsynodalen Schreiben *Amoris laetitia*

Der Text des nachsynodalen Schreibens von Papst Franziskus macht deutlich: Die vermeintlich erstarrte Lehre bewegt sich doch. Auf diesem Hintergrund ist es notwendig, eine 50-jährige Diskussion noch einmal zu skizzieren.

Im Jahre 1977 legte der Tübinger Dogmatiker Walter Kasper eine Theologie der christlichen Ehe vor. In seinem Vorwort gab er zu erkennen, dass seine Überlegungen aus Vorträgen zu verschiedenen Anlässen, aus der Tätigkeit bei der Würzburger Synode und als Berater und Gutachter der Deutschen Bischofskonferenz hervorgegangen waren. Das Buch bot also mehr als nur eine theologische Erkenntnis am Schreibtisch, es war durch die Rezeption unterschiedlichster Gremien hindurchgegangen und gutgeheißen. Kasper hielt fest: „Es ist auffallend, dass das Problem der Ehescheidung in der Vergangenheit immer beim Übergang der Kirche in einen neuen Kulturkreis und in eine neue Epoche aufbrach: bei Matthäus und Paulus, beim Übergang zu judenchristlichen und heidenchristlichen Gemeinden, bei Origenes und Basilius, beim Übergang zur Groß- und Volkskirche, im frühen Mittelalter beim Übergang von der spätantiken zur germanischen Welt und im 16. Jahrhundert beim missionarischen Vorstoß aus dem abendländischen Kulturraum auf den asiatischen und südamerikanischen Kontinent."[43]

Heute steht die Kirche vor einem ähnlichen Übergang: dem Übergang von einer Welt, in der die Kirche das Deutungsmonopol beanspruchte und innehatte, in eine Welt, in der die Kirche nach dem Zweiten Vatikanischen Konzil zu einer lernenden Kirche geworden ist.

Am Beispiel der wiederverheirateten Geschiedenen zeige sich aber, dass die Kirche bisher viel zu wenig in die Lernschule menschlicher Erfahrungen angesichts des Scheiterns von Ehen gegangen ist. „Nicht wenige Seelsorger und Theologen, zu denen auch der Verfasser gehört, sind der Meinung, dass die geltenden kirchenrechtlichen Bestimmungen in der gegenwärtigen Situation keine befriedigenden Instrumentarien für pastorale Hilfen bieten."[44] Kasper erinnert an die Praxis der Ostkirche, die vom Trienter Konzil nicht verworfen wurde, sowie an die Praxis Jesu, der jedem Menschen, gerade auch im Scheitern, Möglichkeiten des Heils anbietet. So ist nach Auffassung von Kasper eine Zulassung wiederverheirateter Geschiedener zur Eucharistie möglich, wenn begangene Schuld bereut und nach Kräften gutgemacht, wenn alles Menschenmögliche getan wurde, um zu einer Versöhnung mit dem ersten Partner zu kommen, und wenn die zweite Ehe zu einer sittlich verpflichtenden Verbindung geworden ist, die nicht ohne neues Unrecht wieder gelöst werden kann. Die Kirche hat die Treue Jesu zu allen Menschen jenseits von Rigorismus und Laizismus zu bezeugen.

Das Apostolische Schreiben Familiaris Consortio (1981)

Papst Johannes Paul II. schien im Apostolischen Schreiben *Familiaris Consortio. Über die Aufgaben der christlichen Familien in der Welt von heute* (nachfolgend zitiert als: FC) dieser differenzierten Sicht zu folgen: „Die Kirche, die dazu gesandt ist, um alle Menschen und insbesondere die Getauften zum Heil zu führen, kann diejenigen nicht sich selbst überlassen, die eine neue Verbindung gesucht haben, obwohl sie durch das sakramentale Eheband schon mit einem Partner verbunden sind. Darum wird sie unablässig bemüht sein, solchen Menschen ihre Heilsmittel anzubieten. Die Hirten mögen beherzigen, dass sie um der Liebe willen zur Wahrheit verpflichtet sind, die verschiedenen Situationen gut zu unterscheiden. Es ist ein Unterschied, ob jemand trotz aufrichtigen Bemühens, die frühere Ehe zu retten, völlig zu Unrecht verlassen wurde, oder ob jemand eine kirchlich gültige Ehe durch eigene schwere Schuld zerstört hat. Wieder andere sind eine neue Verbindung eingegangen im Hinblick auf die Erziehung der Kinder und haben manchmal die subjektive Gewissensüberzeugung, dass die frühere, unheilbar zerstörte Ehe niemals gültig war. Zusammen mit der Synode möchte ich die Hirten und die ganze Gemeinschaft der Gläubigen herzlich ermahnen, den Geschiedenen in fürsorgender Liebe beizustehen, damit sie sich nicht als von der Kirche getrennt betrachten, da sie als Getaufte an ihrem Leben teilnehmen können, ja dazu verpflichtet sind“[45] (FC 84).

Der Mahnung zur pastoralen Sorge um die wiederverheirateten Geschiedenen folgt aber dann die unmissverständliche Äußerung: „Die Kirche bekräftigt jedoch ihre auf die hl. Schrift gestützte Praxis, wiederverheiratete Geschiedene nicht zum eucharistischen Mahl zuzulassen. Sie können nicht zugelassen werden; denn der Lebensstand und ihre Lebensverhältnisse stehen in objektivem Widerspruch zu jenem Bund der Liebe zwischen Christus und der Kirche, den die Eucharistie sichtbar und gegenwärtig macht. Darüber hinaus gibt es noch einen besonderen Grund pastoraler Natur: Ließe man solche Menschen zur Eucharistie zu, bewirkte dies bei den Gläubigen hinsichtlich der Lehre der Kirche über die Unauflöslichkeit der Ehe Irrtum und Verwirrung“[46] (FC 84).

Mittlerweile hat sich aber das Argument umgedreht. Gerade die jetzige Praxis der Kirche in Bezug auf die wiederverheirateten Geschiedenen ruft Unverständnis und Verwirrung hervor. Sie wird nicht mehr akzeptiert. Dieses Dilemma zwischen Lehre und Praxis von Kirche hat zu großen Zerreißproben in den letzten 30 Jahren geführt. Zum einen wird immer wieder die verständnisvolle Haltung gegenüber den wiederverheirateten Geschiedenen angemahnt, zum anderen der unmissverständliche Ausschluss von der Eucharistie gefordert und praktiziert. Von vielen, gerade auch gläubigen und der Kirche verbundenen Menschen wird diese Haltung als zynisch empfunden: Es ist die Rhetorik einer billigen Sympathie, die sich diese Sympathie aber nichts kosten lässt.

Der Vorschlag des Regensburger Kirchenrechtlers Matthäus Kaiser (1983)

Auf diesem Hintergrund sind gerade Theologen und auch Bischöfe nicht müde geworden, eine andere Form von Praxis vorzuschlagen und auch theologisch zu ermöglichen. Einer der Vorreiter in dieser Frage war der Regensburger Kirchenrechtler Matthäus Kaiser (1924–2011) mit seinem Buch „Geschieden und wiederverheiratet".[47] Darin hat er ausführlich die Ehelehre des Zweiten Vatikanischen Konzils entfaltet, die die Ehe als Bund begreift. Das Zweite Vatikanische Konzil hat nicht ein neues Eheverständnis erfunden, sondern das biblische erneuert. Nach dem Verständnis der Konzilsväter ist die Ehe nicht ein Rechtsverhältnis zwischen zwei Partnern, das in dem gegenseitigen Recht zur geschlechtlichen Vereinigung besteht, das sich die Partner bei der Eheschließung übertragen haben. Vielmehr versteht das Konzil die Ehe als personale Lebens- und Liebesgemeinschaft von Mann und Frau, die sich gegenseitig als Person schenken und von Gott zu einer neuen Wirklichkeit verbunden werden. Damit ist die traditionelle Ehezwecklehre aufgegeben, nach der die Zeugung der Nachkommenschaft Hauptzweck der Ehe sei. Daraus ergibt sich: Wenn zwischen geschiedenen Partnern keine personale Verbindung mehr besteht, haben sie auch kein Recht mehr zur geschlechtlichen Vereinigung, die immer Ausdruck der personalen Einheit sein soll.

Eine neue geschlechtliche Vereinigung als Ausdruck einer neuen personalen Lebens- und Liebesgemeinschaft verletzt also nicht das Recht des früheren Gatten und ist auch nach dem neuen Eheverständnis nicht als außereheliche Geschlechtsbeziehung zu betrachten. Somit hat jeder geschiedene Wiederverheiratete wie jeder Christ sich gewissenhaft zu entscheiden, ob er bei der Mitfeier der heiligen Messe die Eucharistie empfangen darf oder ob er sich einer schweren Sünde bewusst ist, die ihn von der Kommunion abhält. Wer auf Grund gewissenhafter Selbstprüfung zu der Überzeugung kommt, eine neue Ehe mit einem anderen Partner eingehen oder eine bereits eingegangene fortsetzen zu dürfen, ist auch nach der Wiederheirat nicht am Empfang vom Sakrament gehindert. Es gilt nämlich, was Papst Pius X. in seinem Dekret von 1905 über die tägliche Kommunion erklärt hat: Nur schwere Sünde hält von der hl. Kommunion ab. Wer dagegen im Stand der Gnade ist und in frommer Absicht kommunizieren will, darf nicht davon abgehalten werden. Er kann in Frieden mit der Kirche leben, auch wenn er geschieden und wiederverheiratet ist.[48]

Diese Position von Matthäus Kaiser ist deshalb wichtig, weil er als Regensburger Kirchenrechtler seinen Freund und Kollegen, den Dogmatiker Joseph Ratzinger und späteren Papst Benedikt XVI. damit beeinflussen konnte, wie er mir einmal in einem Gespräch erzählt hat. Der heute immer wieder zitierte Vortrag von Joseph Ratzinger an der Katholischen Akademie in München ist ein Beweis dafür. In diesem Vortrag hält Ratzinger fest: Wenn sich die zweite Ehe als sittliche Größe bewährt hat und im Geist des Glaubens gelebt wird, so lässt die Barmherzigkeit Gottes nach Auffassung von Basilius die Buße nicht unbeantwortet. Die Eröffnung der Kommuniongemeinschaft nach einer Zeit der Bewährung ist dann mehr als gerecht und voll auf der Linie der kirchlichen Überlieferung. „Wo eine erste Ehe seit langem auch in einer für beide Seiten irreparablen Weise zerbrochen ist; wo umgekehrt eine hernach eingegangene zweite Ehe sich über einen längeren Zeitraum hin als eine sittliche Realität bewährt hat …, da sollte … die Zulassung der in einer solchen zweiten Ehe Lebenden zur Kommunion gewährt werden.“[49]

Der Vorschlag des Moraltheologen Bernhard Häring: Barmherzigkeit

Bernhard Häring sieht die Kirche angesichts der zunehmenden Zahl von Scheidungen aufgerufen, ihre Weisheit und ihr wahres Antlitz zu zeigen. Das Grundgesetz der Kirche laute: „Seid barmherzig, wie es auch euer Vater ist!“ (Lk 6,36). Es gehe dabei darum, „ob die Kirche in ihrem Dasein, in ihrem Umgang mit dem Gesetz Christi und ihrer Hinwendung zu Verwundeten oder Gescheiterten in immer stärkerem Maße erfahrbares Sakrament der versöhnenden Barmherzigkeit Christi ist“[50]. Häring sah seine Intervention als Vorbereitung auf sein eigenes Sterben, um dem barmherzigen Richter gegenübertreten zu können. Er berief sich in seiner Argumentation zunächst auf die vielen Erfahrungen mit wiederverheirateten Geschiedenen und ihren Leidenswegen. Theologiegeschichtlich verwies er auf das Konzil von Trient: „Es gehört zum theologischen Allgemeinwissen, dass die Aussagen des Konzils von Trient über die von Gott gewollte und von Christus verkündete Unauflöslichkeit der Ehe vom Konzil erst angenommen wurde, als versichert wurde, dass dadurch die Oikonomia-Praxis der Ostkirchen nicht verurteilt werde."[51] Genau diese Oikonomia-Praxis und Spiritualität gilt es heute zu realisieren.

Der Vorstoß der oberrheinischen Bischöfe (1993)

Diese Erkenntnisse aus der Theologie zum einen und die nach wie vor unbefriedigende Praxis zum anderen waren der Hintergrund für den Vorstoß der oberrheinischen Bischöfe Oskar Saier (1932–2008), Karl Lehmann und Walter Kasper im Jahre 1993 zur seelsorgerlichen Begleitung von Menschen aus zerbrochenen Ehen, Geschiedenen und wiederverheirateten Geschiedenen. Es standen dahinter auch die Forderungen der Diözesansynode von Rottenburg-Stuttgart, des Freiburger Diözesanforums und der Diözesanversammlung im Bistum Mainz. In ihrem Hirtenwort schreiben die drei Bischöfe: „Von der Kirche und der Gemeinde fühlen sich die Geschiedenen und die wiederverheirateten Geschiedenen meist nicht verstanden und mit ihren Problemen allein gelassen. Viele glauben sich diskriminiert, ausgestoßen, ja verdammt. Die kirchlichen Vorschriften und Regelungen können sie nur schwer oder meist überhaupt nicht akzeptieren; sie erleben sie als unverständliche Härte und Unbarmherzigkeit. Diese Situation ist eine ernste Anfrage an die Kirche. Wir müssen uns fragen, wie wir den Geschiedenen und wiederverheirateten Geschiedenen in ihrer schwierigen menschlichen Situation die Nähe Gottes glaubwürdig bezeugen können"[52]. Eine einfache und glatte Lösung könne es dabei allerdings nicht geben.

In den Grundsätzen für eine seelsorgerliche Begleitung wird folgender Vorschlag gemacht: In einem klärenden seelsorgerlichen Gespräch der Partner einer zweiten ehelichen Bindung mit einem Priester, in dem die ganze Situation gründlich, aufrichtig und objektiv aufgehellt wird, kann sich im Einzelfall herausstellen, dass die Ehepartner oder auch ein Ehepartner für sich allein, sich in ihrem Gewissen ermächtigt sehen, an den Tisch des Herrn zu treten. Das ist ganz besonders dann der Fall, wenn die Gewissensüberzeugung vorherrscht, dass die frühere, unheilbar zerbrochene Ehe niemals gültig war. Eine ähnliche Situation liegt nahe, wenn die Betroffenen schon einen längeren Weg der Besinnung und der Buße zurückgelegt haben. Hinzu kommt das Vorliegen einer unlösbaren Pflichtenkollision, wo das Verlassen der neuen Familie schweres Unrecht heraufbeschwören würde. Eine solche Entscheidung kann nur der Einzelne in einer persönlichen Gewissensentscheidung unvertretbar fällen. Er braucht dafür aber den klärenden Beistand und die unvoreingenommene Begleitung des kirchlichen Amtes, das die Gewissen schärft und dafür sorgt, dass die grundlegende Ordnung der Kirche nicht verletzt wird. Der Priester wird eine so getroffene Gewissensentscheidung gegen Verurteilungen und Verdächtigungen schützen, aber auch Sorge tragen, dass die Gemeinde keinen Anstoß daran nimmt. Bei dieser Gewissensentscheidung sind folgende Kriterien unerlässlich: Wo beim Scheitern der ersten Ehe schweres Versagen mit im Spiel war, müssen die übernommene Verantwortung anerkannt und die begangene Schuld bereut werden. Es muss glaubhaft feststehen, dass eine Rückkehr zum ersten Partner wirklich nicht möglich ist und die erste Ehe beim besten Willen nicht wiederbelebt werden kann. Begangenes Unrecht und ein angerichteter Schaden müssen nach Kräften wiedergutgemacht werden, soweit dies möglich ist. Zu dieser Wiedergutmachung gehört auch die Erfüllung der Verpflichtungen gegenüber dem Partner bzw. der Partnerin und den Kindern aus der ersten Ehe. Es ist darauf zu achten, ob der Partner bzw. die Partnerin seine erste Ehe unter großem öffentlichen Aufsehen und evtl. sogar Ärgernis zerbrochen hat. Die zweite eheliche Gemeinschaft muss sich über einen längeren Zeitraum hinweg im Sinne eines entschiedenen und auch öffentlich erkennbaren Willens zum dauerhaften Zusammenleben nach der Ordnung der Ehe und als sittliche Realität bewährt haben. Es muss geprüft werden, ob das Festhalten an der zweiten Bindung gegenüber dem Partner und den Kindern eine neue sittliche Verpflichtung geworden ist. Es muss hinreichend feststehen, dass die Partner wirklich aus dem christlichen Glauben zu leben versuchen und aus lauteren Motiven, d. h. aus echten religiösen Beweggründen, auch am sakramentalen Leben der Kirche teilnehmen wollen. Ähnliches gilt für die Erziehung der Kinder. Am Schluss des Schreibens wird an den Satz des Kirchenvaters Gregor von Nazianz erinnert: „Nicht durch Strenge übertreiben, nicht durch schwächliche Nachgiebigkeit revoltieren.“[53]

Das Antwortschreiben der Glaubenskongregation (1994)

Die Kongregation für die Glaubenslehre beantwortete diesen Vorschlag am 15. Oktober 1994. Das Schreiben wurde an alle Bischöfe der Welt gerichtet. Das anstehende Jahr der Familie sollte dafür einen verobjektivierten Anlass bieten. So hieß es ganz allgemein zu Beginn: „Das internationale Jahr der Familie bietet eine wichtige Gelegenheit, die Zeugnisse der Liebe und der Sorge der Kirche für die Familie wiederzuentdecken und zugleich die unschätzbaren Reichtümer der christlichen Ehe, die das Fundament der Familie bildet, erneut vorzulegen … In diesem Anliegen wurden in den letzten Jahren in verschiedenen Gegenden unterschiedliche pastorale Lösungen vorgeschlagen, denen zufolge zwar eine allgemeine Zulassung der wiederverheirateten Geschiedenen zur heiligen Kommunion nicht möglich wäre, sie aber in bestimmten Fällen zum Tisch des Herrn hinzutreten könnten, sofern sie sich in ihrem Gewissensurteil dazu ermächtigt hielten."[54]

Das Schreiben hält dagegen fest, es komme dem universalen Lehramt der Kirche zu, in Treue zur heiligen Schrift und zur Tradition das Glaubensgut zu verkünden und authentisch auszulegen. Wiederverheiratete Geschiedene leben demzufolge in einer Situation, die dem Gesetz Gottes objektiv widerspricht, und darum dürfen sie, solange diese Situation andauert, die Kommunion nicht empfangen. Ein Kommunionempfang im Gegensatz zu den kirchlichen Normen ist ein in sich widersprüchlicher Akt. Die sakramentale Gemeinschaft mit Christus beinhaltet den Gehorsam gegenüber der Ordnung der kirchlichen Gemeinschaft, auch wenn das manchmal schwierig sein kann, und setzt diesen voraus. Zum Schluss folgt die Ermahnung: „Die Pastoral wird alle Kräfte einsetzen müssen, um glaubhaft zu machen, dass es nicht um Diskriminierung geht, sondern einzig um uneingeschränkte Treue zum Willen Christi, der uns die Unauflöslichkeit der Ehe als Gabe des Schöpfers zurückgegeben und neu anvertraut hat. Das Mitleiden und Mitlieben der Hirten und der Gemeinschaft der Gläubigen ist nötig, damit die betroffenen Menschen auch in ihrer Last das süße Joch und die leichte Bürde Jesu erkennen können."[55]

In diesem Schreiben wird noch einmal die Diskrepanz zwischen den Gefühlen und Empfindungen der Menschen, der Praxis der Kirche und der mittlerweile unverständlich gewordenen lehramtlichen Position deutlich. Den Ausschluss von den Sakramenten als „süßes Joch" zu umschreiben, ist biblische Verhübschung einer rigiden kirchlichen Praxis.

Die Reaktion der oberrheinischen Bischöfe (1994)

Die oberrheinischen Bischöfe richteten daraufhin ein Schreiben an alle hauptberuflich in der Seelsorge tätigen Damen und Herren in den Diözesen Freiburg im Breisgau, Mainz und Rottenburg-Stuttgart. Sie erkennen darin die Prinzipien des Lehramts an, geben allerdings zu bedenken: „Man kann freilich nicht übersehen, dass es sich bei den wiederverheirateten Geschiedenen oft um sehr schwierige und höchst komplexe menschliche Situationen handelt, in denen die konkrete Anwendung dieser Prinzipien pastoral schwierig ist. Wir haben zu zeigen versucht, warum diese Probleme in unseren modernen westlichen Gesellschaften aus verschiedenen Gründen enorm zugenommen haben. Sie stellen eine pastorale Herausforderung dar, die dringend einer Antwort bedarf. Die allgemeine Norm muss ja nach der traditionellen Lehre der Kirche jeweils auf die konkrete Person und auf deren individuelle Situation bezogen werden, ohne dass dadurch die Norm aufgegeben würde [...]. Dabei geht es nicht um eine Aufhebung des geltenden Rechts und der gültigen Norm, sondern in schwierigen und komplexen Situationen um deren Anwendung nach Recht und Billigkeit, so dass der Einmaligkeit der jeweiligen Person Rechnung getragen wird. Das hat nichts mit einer sogenannten ‚Situationspastoral' zu tun."[56]

Nach Ansicht der drei Bischöfe bleiben mit dieser Erklärung der Glaubenskongregation viele pastorale Probleme weiter ungelöst. Letztlich gehe es bei all diesen Fragen um die rechte Verhältnisbestimmung von allgemein gültiger objektiver Norm und persönlicher Gewissensentscheidung. Zum Schluss des Schreibens wird darauf hingewiesen, dass auch die theologische Wissenschaft sich weiterhin mit diesen Fragen beschäftigen müsse.[57]

Walter Kardinal Kasper hat 2011 in seinem Buch *Katholische Kirche: Wesen – Wirklichkeit – Sendung* diese Probleme noch einmal aufgegriffen. Seiner Meinung nach ist eine Pastoral dann von pastoraler Klugheit bestimmt, wenn sie der Logik und der Tugend der Klugheit entsprechend ein allgemein gültiges Gesetz nach den Regeln der praktischen Vernunft person- und situationsgerecht auf konkrete Situationen anwendet. Das ist dann keine Situationsethik, welche die Situation zum Schlüssel der Wahrheitserkenntnis macht, sondern eine seelsorgerliche Haltung, welche angesichts der objektiven Komplexität zu einer gewissenhaften Abwägung kommt. Er verweist darauf, dass dieses Konzept von pastoraler Klugheit im Hintergrund des zusammen mit dem damaligen Erzbischof Oskar Saier und dem damaligen Bischof und jetzigen Kardinal Lehmann im Jahr 1993 unternommenen Vorstoßes zur Pastoral der wiederverheirateten Geschiedenen gewesen sei. Dabei sei die Unauflöslichkeit der Ehe nicht in Frage gestellt worden, ganz im Gegenteil. Auch sollte keine generelle Lösung erzielt werden, sondern es sollten die Unterschiedlichkeit und Komplexität einzelner Situationen ernst genommen werden, welche eine Abwägung angemessen erscheinen lassen. Kardinal Kasper fährt fort: „Wenn statt solcher pastoraler Klugheit ein rein pragmatisches Verhalten oder umgekehrt ein wirklichkeitsfernes, letztlich gnadenloses und liebloses Prinzipiendenken vorherrscht, dann kann es zu einem vertikalen Schisma kommen, zwischen Prinzipien, welche oben festgehalten und eingeschärft werden, und der Praxis unten, die oft wild und ungeordnet ihre eigenen Wege geht. Wer die gegenwärtige Situation der Kirche realistisch betrachtet, kann die Gefahr einer solchen Entwicklung nicht übersehen; sie ist in vielen Bereichen der Moral und der Pastoral inzwischen Wirklichkeit geworden."[58]

Um diesem von Kardinal Kasper angedeuteten vertikalen Schisma zu entgehen, aber auch der Situation der Betroffenen gerecht zu werden, muss sich die Praxis der Kirche gegenüber den wiederverheirateten Geschiedenen ändern.

Der erneute Vorstoß von Kardinal Kasper vor der Bischofssynode (2014)

„Das Evangelium von der Familie", so hieß der Vortrag, den Kardinal Kasper auf Einladung von Papst Franziskus vor dem außerordentlichen Konsistorium der Kardinäle am 20. und 21. Februar 2014 in Rom gehalten hat.[59] Er war gedacht als eine theologische Grundlage für die Diskussion mit den Kardinälen. Weiter war beabsichtigt, eine theologisch begründete pastorale Diskussion beim synodalen Prozess auf der außerordentlichen Bischofssynode im Herbst 2014 und auf der ordentlichen Bischofssynode im Jahr 2015 auszulösen.

Mit ausdrücklichem Einverständnis und der Zustimmung des Papstes sollten in dem gehaltenen Vortrag in der Kirche teilweise kontrovers diskutierte Fragen aufgegriffen werden. Das Thema des synodalen Prozesses „Pastorale Herausforderungen der Familie im Kontext der Evangelisierung“ macht deutlich, dass die drängenden Fragen nicht isoliert betrachtet werden können. Sie werden vielmehr auf der Grundlage und im Gesamtzusammenhang des Evangeliums behandelt. Kasper beabsichtigte nicht, die Antwort der Synode etwa vorwegzunehmen, er wollte lediglich Fragen anstoßen und Grundlagen dafür bereitstellen.

Ein erster Hinweis ist Kasper wichtig: Das Thema lautet nicht „Die Lehre der Kirche von der Familie“, sondern „Das Evangelium von der Familie“. Damit soll auf die Quelle zurückgegangen werden, aus der jegliche kirchliche Lehre entspringt, die Bibel. Schon das Konzil von Trient hat festgestellt: Das in der Kirche geglaubte und gelebte Evangelium ist die Quelle aller Heilswahrheit und der Sittenlehre (DH 1501 sowie EG 26). Die Lehre der Kirche gleicht also keiner feststehenden zementierten Position, sondern eher einem aus der Quelle des Evangeliums entsprungenen Strom, in dem die Glaubenserfahrung des Volkes Gottes aller Jahrhunderte einfließt. Sie stellt eine lebendige Tradition dar, die wie schon früher, so auch heute an einem kritischen Punkt angelangt ist und im Blick auf die Zeichen der Zeit nach einer Weiterführung und Vertiefung verlangt.

Vor diesem Hintergrund stellte Kardinal Kasper die Familie in der Schöpfungsordnung dar, er referierte Strukturen der Sünde, zeigte die Bedeutung der Familie in der christlichen Erlösungsordnung auf sowie die Bedeutung der Familie als Hauskirche, bevor er sich dezidiert dem Problem der wiederverheirateten Geschiedenen zuwendete. Die Antwort kann seiner Meinung nach nur differenziert ausfallen, denn die Situationen sind jeweils sehr verschieden und müssen deshalb auch sorgfältig unterschieden werden. Eine generelle Lösung für alle Fälle könne es darum nicht geben.

Kardinal Kasper bezog sich dabei auf eine Ansprache, die Papst Franziskus am 24. Januar 2014 an die Mitglieder der Rota Romana gehalten hat. Er betonte darin, dass die juridische und die pastorale Dimension nicht im Gegensatz zueinander stehen. Im Gegenteil, das kirchliche Rechtswesen hat einen wesentlich pastoralen Charakter. Salus animarum – suprema lex, der letzte Kanon im Codex Iuris Canonici hat eine pastorale Pointe.

Für Kardinal Kasper schließt die Barmherzigkeit die Gerechtigkeit nicht aus. Es handelt sich um keine billige Gnade, auch um keinen Ausverkauf. Pastoral und Barmherzigkeit stehen nicht im Widerspruch zur Gerechtigkeit, weil sich hinter jeder Situation nicht nur ein Fall verbirgt, den man unter einer allgemeinen Regel summieren kann, sondern immer eine menschliche Person, die eine einmalige personale Würde besitzt.

So kann die Situation der wiederverheirateten Geschiedenen nicht einfach auf dem Papier entschieden werden, ohne jeweils die Personen und ihre Situation zur Kenntnis zu nehmen. Die Lösung, die Papst Benedikt XVI. beim Internationalen Familientreffen in Mailand 2012 vorgeschlagen hat, nämlich dass wiederverheiratete Geschiedene zwar nicht die sakramentale, wohl aber die geistliche Kommunion empfangen können, ist für Kasper nicht ausreichend, denn sie wirft entscheidende Fragen auf: Wer die geistliche Kommunion empfängt, ist eins mit Jesus Christus. Wie aber kann er sich dann im Widerspruch zum Gebot Christi befinden? Warum kann er dann nicht auch die sakramentale Kommunion empfangen? Wenn die wiederverheirateten geschiedenen Christen, die dafür disponiert sind, von den Sakramenten ausgeschlossen werden und man sie auf den außersakramentalen Heilsweg verweist, steht letztlich auch die sakramentale Grundstruktur der Kirche in Frage. Wozu dann überhaupt noch Kirche? Wird für eine solche defensive Lösung letztlich nicht ein zu hoher Preis bezahlt? Wer die Nichtteilnahme an der Kommunion mit dem Zeichen der Heiligkeit des Sakramentes begründet, instrumentalisiert die Menschen, die eigentlich Hilfe bräuchten, um sie zum Zeichen für andere zu machen. Sie sollen sakramental verhungern, damit andere leben können.

Kardinal Kasper verwies schließlich auf einen Ausweg aus dem Dilemma und bezog sich auf den schon erwähnten Vortrag, den Joseph Ratzinger 1972 gehalten hatte. Demnach hat die Kirche schon sehr früh die Erfahrung machen müssen, dass es unter Christen Situationen des Abfalls und der Apostasie gibt. In den Verfolgungen gab es Christen, die schwach wurden und ihre Taufe verleugnet haben. Für solche Gefallene hat die Kirche die kanonische Bußpraxis als eine zweite Taufe nicht mehr mit Wasser, sondern mit Tränen der Buße entwickelt. Diese Pastoral der Duldung, der Milde und der Nachsicht hat sich schließlich durchgesetzt und ist auf dem Konzil von Nicäa bestätigt worden.

Diese Erfahrung übertrug Kardinal Kasper auf die Situation der wiederverheirateten Geschiedenen heute. „Aber wenn ein geschiedener Wiederverheirateter bereut, dass er in der ersten Ehe versagt hat, wenn die Verbindlichkeiten aus der ersten Ehe geklärt sind, wenn ein Zurück definitiv ausgeschlossen ist, wenn er die in der zweiten zivilen

Ehe eingegangenen Verbindlichkeiten nicht ohne neue Schuld lösen kann, wenn er sich aber nach besten Kräften darum müht, die zweite zivile Ehe aus dem Glauben zu leben und seine Kinder im Glauben zu erziehen, wenn er Verlangen nach den Sakramenten als Quelle der Kraft in seiner Situation hat – müssen oder können wir ihm dann nach einer Zeit der Neuorientierung das Sakrament der Buße und der Kommunion verweigern?"[60]

Kardinal Kasper machte deutlich, dass es in dieser Frage große Erwartungen an und in der Kirche gebe. Zweifellos könnten nicht immer alle Erwartungen erfüllt werden, aber es würde letztlich zu einer schlimmen Enttäuschung führen, wenn nur die Antworten wiederholt würden, welche angeblich schon immer gegeben wurden. Die Kirche dürfe sich nicht von einer Hermeneutik der Angst leiten lassen. Sie brauche vielmehr Mut und biblischen Freimut. Die Tür sollte geöffnet werden für die Hoffnungen und Erwartungen von Menschen, die auf ein Signal warten, dass ihre Hoffnungen und Fragen, vor allem aber ihre Lebensgeschichten ernstgenommen werden.

Papst Benedikt nimmt seine Äußerungen von 1972 zurück

In der Zwischenzeit hat Joseph Ratzinger/Benedikt XVI. seine Position von 1972 zurückgenommen. Anlass war die Herausgabe seiner Gesammelten Schriften, in denen sein Vortrag von 1972 abgedruckt und zugleich geändert wurde.[61] Gründe dafür werden nicht genannt. Ratzinger zieht sich auf die Position zurück, die er als Präfekt der Glaubenskongregation im Schreiben an die oberrheinischen Bischöfe eingenommen hat. Was noch mehr erstaunen muss, ist die Tatsache, dass aus dem gleichen historischen

Befund nun gegenteilige Schlüsse gezogen werden, die nicht einmal markiert sind. Wenigstens eine Gegenüberstellung der beiden Textfassungen wäre unter editorischen Prinzipien angezeigt gewesen.[62] Kardinal Lehmann bezeichnet diesen Richtungswandel als bittere Enttäuschung: „Solche Dinge dürften uns eigentlich nicht passieren. Es geht schließlich um Lebensfragen für die Menschen."[63] Der Versuch einer indirekten Einmischung in das damals aktuell laufende Synodengeschehen kann nicht von der Hand gewiesen werden.

Abschlussbericht der deutschsprachigen Gruppe auf der Synode[64]

Den Abschlussbericht der deutschsprachigen Gruppe auf der ordentlichen Bischofssynode – unter denen auch Kardinal Walter Kasper war – legte am 20. Oktober 2015 Erzbischof Heiner Koch von Berlin der Gruppe im Plenum vor. Die deutschsprachige Gruppe ergänzte den Titel der Relatio finalis *Die Berufung und Sendung der Familie in Kirche und Welt von heute* durch den Untertitel *Überlegungen und Vorschläge für den Heiligen Vater, Papst Franziskus*, um so die Einordnung des Textes, der kein Beschlussdokument darstelle, klar zum Ausdruck zu bringen. Für die Einleitung des Abschlussdokuments regte die Gruppe an, auf die weltweiten Umfragen Bezug zu nehmen und Dank und Wertschätzung zum Ausdruck zu bringen.[65]

Im Sinn einer deutlicheren Betonung der Familie als Subjekt der Pastoral soll zum Ausdruck kommen, dass christliche Familien berufen sind, das Evangelium von der Ehe, das ihnen anvertraut ist, durch ihr Leben zu bezeugen. Die christlichen Eheleute und Familien sind Teil der neuen Familie Christi, seiner Kirche, und Sakrament für die Welt. Die „neue Familie Jesu Christi", die Kirche, soll die Eheleute zu diesem Zeugnis ermutigen, stärken und befähigen. Dabei bleibt die Kirche immer auch selbst eine lernende von den Lebens- und Glaubenserfahrungen der Eheleute und Familien.

Dann folgte ein Bekenntnis: „Im falsch verstandenen Bemühen, die kirchliche Lehre hochzuhalten, kam es in der Pastoral immer wieder zu harten und unbarmherzigen Haltungen, die Leid über Menschen gebracht haben, insbesondere über ledige Mütter und außerehelich geborene Kinder, über Menschen in vorehelichen und nichtehelichen Lebensgemeinschaften, über homosexuell orientierte Menschen und über Geschiedene und Wiederverheiratete. Als Bischöfe unserer Kirche bitten wir diese Menschen um Verzeihung."

Die Schlussansprache von Papst Franziskus vom 24. Oktober 2015[66]

Gespannt war man angesichts der kontroversen Diskussionen auf den beiden Bischofssynoden auf die Schlussansprache von Papst Franziskus. Sie könnte nämlich schon erste Aspekte des noch ausstehenden Apostolischen Schreibens zur Synode darstellen.

Während er die Arbeiten der Synode verfolgte, habe er sich immer wieder gefragt: Was bedeutet es für die Kirche, diese der Familie gewidmete Synode abzuschließen?

„Selbstverständlich bedeutet es nicht, dass alle mit der Familie zusammenhängenden Themen zum Abschluss gebracht worden sind, sondern vielmehr, dass versucht wurde, sie mit dem Licht des Evangeliums, der Überlieferung und der zweitausendjährigen Geschichte der Kirche zu erhellen und sie mit der Freude der Hoffnung zu durchfluten, ohne in die simple Wiederholung dessen zu verfallen, was nicht zur Diskussion steht oder bereits gesagt worden ist" – also ein Plädoyer für die Nichtwiederholung des immer schon Gesagten.

„Sicher bedeutet es nicht, erschöpfende Lösungen für alle Schwierigkeiten und Zweifel gefunden zu haben, welche die Familie herausfordern und bedrohen, sondern diese Schwierigkeiten und Zweifel ins Licht des Glaubens gestellt, sie aufmerksam geprüft und furchtlos in Angriff genommen zu haben, ohne den Kopf in den Sand zu stecken" – also ein Plädoyer für Realismus und Ehrlichkeit.

„Es bedeutet, alle angeregt zu haben, die Bedeutung der Institution der Familie und der auf Einheit und Unauflöslichkeit gegründeten Ehe zwischen einem Mann und einer Frau zu verstehen und sie als grundlegende Basis der Gesellschaft und des menschlichen Lebens zu würdigen" – also ein Plädoyer für die Hochschätzung von Ehe und Familie.

„Es bedeutet, die Stimmen der Familien und der Hirten der Kirche, die nach Rom gekommen waren und auf ihren Schultern die Lasten und Hoffnungen, den Reichtum und die Herausforderungen der Familien aus aller Welt trugen, gehört und zu Gehör gebracht zu haben" – also ein Plädoyer für eine hörende Kirche.

„Es bedeutet, die Lebendigkeit der katholischen Kirche bewiesen zu haben, die keine Angst hat, die betäubten Gewissen aufzurütteln oder sich die Hände schmutzig zu machen, indem sie lebhaft und freimütig über die Familie diskutiert" – also ein Plädoyer für Angstfreiheit.

„Es bedeutet, versucht zu haben, die Wirklichkeit, besser noch: die Wirklichkeiten von heute mit den Augen

Gottes zu sehen und zu deuten, um in einem historischen Moment der Entmutigung und der gesellschaftlichen, wirtschaftlichen und moralischen Krise, in dem das Negative vorherrscht, die Herzen der Menschen zu entzünden und mit der Flamme des Glaubens zu erleuchten" – also ein Plädoyer für die Zeichen der Zeit und ihre Deutung im Licht des Evangeliums.

„Es bedeutet, allen bezeugt zu haben, dass das Evangelium für die Kirche eine lebendige Quelle ewiger Neuheit bleibt – ein Zeugnis gegen die, welche es ‚indoktrinieren' und zu toten Steinen machen wollen, mit denen man die anderen bewerfen kann" – also ein Plädoyer gegen unproduktiven Traditionalismus.

„Es bedeutet auch, die verschlossenen Herzen entblößt zu haben, die sich oft sogar hinter den Lehren der Kirche oder hinter den guten Absichten verstecken, um sich auf den Stuhl des Mose zu setzen und – manchmal von oben herab und mit Oberflächlichkeit – über die schwierigen Fälle und die verletzten Familien zu richten" – also ein Plädoyer gegen hartherzige Prinzipien und Amtsträger.

„Es bedeutet, bekräftigt zu haben, dass die Kirche eine Kirche der ‚Armen vor Gott' und der Sünder auf der Suche nach Vergebung ist und nicht nur eine der Gerechten und der Heiligen – ja, eine Kirche der Gerechten und der Heiligen, wenn diese sich als Arme und als Sünder fühlen" – also ein Plädoyer für eine solidarische Kirche der Vergebung.

„Es bedeutet, versucht zu haben, die Horizonte zu lichten, um jede konspirative Hermeneutik oder Verschlossenheit der Perspektiven zu überwinden, um die Freiheit der Kinder Gottes zu verteidigen und zu verbreiten, um die Schönheit der christlichen Neuheit zu übermitteln, die manchmal vom Rost einer archaischen oder einfach unverständlichen Sprache überdeckt ist" – also ein Plädoyer für die Schönheit einer neuen Sprache und neuer Antworten.

Und dann folgte eine Anerkennung der Pluralität in der Kirche: Jenseits der vom Lehramt der Kirche genau definierten dogmatischen Fragen habe man auch gesehen, „dass das, was einem Bischof eines Kontinentes als normal erscheint, sich für den Bischof eines anderen Kontinents als seltsam, beinahe wie ein Skandal herausstellen kann – beinahe! –; was in einer Gesellschaft als Verletzung eines Rechtes angesehen wird, kann in einer anderen eine selbstverständliche und unantastbare Vorschrift sein; was für einige Gewissensfreiheit ist, kann für andere nur Verwirrung bedeuten. Tatsächlich sind die Kulturen untereinander sehr verschieden, und jeder allgemeine Grundsatz – wie ich sagte: die vom Lehramt der Kirche genau definierten dogmatischen Fragen – jeder allgemeine Grundsatz muss inkulturiert werden, wenn er beachtet und angewendet werden soll ... Die *Inkulturation* schwächt nicht die echten Werte, sondern zeigt deren wahre Kraft und ihre Authentizität, denn sie passen sich an, ohne sich zu verwandeln, ja, sie bewirken gewaltlos und stufenweise eine Umformung der verschiedenen Kulturen."

Die Erfahrung der Synode habe auch besser begreifen lassen, „dass die wahren Verteidiger der Lehre nicht jene sind, die den Buchstaben verteidigen, sondern die, welche den Geist verteidigen; die nicht die Ideen, sondern den Menschen verteidigen; nicht die Formeln, sondern die Unentgeltlichkeit der Liebe Gottes und seiner Vergebung. Das bedeutet keineswegs, die Bedeutung der Formeln – sie sind notwendig! –, der Gesetze und der göttlichen Gebote zu schmälern, sondern die Größe des wahren Gottes zu preisen, der an uns nicht nach unseren Verdiensten und auch nicht nach unseren Werken, sondern *einzig* nach dem unbegrenzten Großmut seiner Barmherzigkeit handelt (vgl. Röm 3,21–30; Ps 130; Lk 11,37–54). Es bedeutet, die ständigen Versuchungen des älteren Bruders (vgl. Lk 15,25–32) oder der eifersüchtigen Arbeiter (vgl. Mt 20,1–16) zu überwinden. Ja, es bedeutet, die Gesetze und die Gebote, die für den Menschen geschaffen sind und nicht umgekehrt (vgl. Mk 2,27), noch mehr zur Geltung zu bringen."

Die erste Pflicht der Kirche seien nicht Verurteilungen und Bannflüche, sondern die Barmherzigkeit Gottes zu verkünden, zur Umkehr aufzurufen und alle Menschen zum Heil des Herrn zu führen (vgl. Joh 12,44–50). Für diesen Grundsatz der uneingeschränkten Barmherzigkeit beruft er sich auf drei seiner unmittelbaren Vorgänger:

„Der selige Paul VI. hat dafür wunderbare Worte gefunden: ‚Gott offenbart sich in Christus als unendlich gut [...] Gott ist gut. Und nicht nur in sich selbst; Gott – sagen wir es unter Tränen – ist gut für uns. Er liebt und sucht uns, er denkt an uns, kennt und inspiriert uns, und er erwartet uns: Er wird – wenn man das so sagen kann – glücklich sein an dem Tag, an dem wir umkehren und sagen: Herr, in deiner Güte verzeih mir! So wird also unsere Reue zur Freude Gottes.'

Auch der heilige Johannes Paul II. bekräftigte: ‚Die Kirche lebt ein authentisches Leben, wenn sie das Erbarmen bekennt und verkündet [...] und wenn sie die Menschen zu den Quellen des Erbarmens des Heilandes führt, welche sie hütet und aus denen sie austeilt.'

Und auch Papst Benedikt XVI. sagte: ‚Die Barmherzigkeit ist in Wirklichkeit der Wesenskern der Botschaft des

Evangeliums, sie ist der Name Gottes selbst […] Alles, was die Kirche sagt und vollbringt, zeigt die Barmherzigkeit, die Gott dem Menschen entgegenbringt und somit jedem von uns. Wenn die Kirche die Aufmerksamkeit auf eine verkannte Wahrheit oder ein verratenes Gut lenkt, so tut sie dies stets beseelt von der barmherzigen Liebe, damit die Menschen das Leben haben und es in Fülle haben (vgl. Joh 10,10)'."

Für Franziskus war die Synode ein Geistgeschehen; man habe das Wirken des Heiligen Geistes erfahren. So klinge das Wort ‚Familie' nicht mehr wie vor der Synode, in ihm könne man bereits die Zusammenfassung ihrer Berufung und die Bedeutung des ganzen synodalen Weges mithören.

Damit gab er bereits einen Ausblick auf sein Apostolisches Schreiben und er machte noch einmal deutlich, dass das heilige Jahr der Barmherzigkeit der hermeneutische Schlüssel für den Weg der Synode ist – und für die Kirche insgesamt.

Schlusspredigt von Papst Franziskus

In seiner Schlusspredigt deutete Papst Franziskus bei der Auslegung des Evangeliums – die Perikope über den blinden Bartimäus – zwei Versuchungen der Jesusjünger und damit der heutigen Nachfolgegemeinschaft Kirche an:

„Man ist in seiner Gruppe, verliert aber die Offenheit des Herzens; das Staunen, die Dankbarkeit und die Begeisterung gehen verloren, und man läuft Gefahr, ein ‚Gewohnheitsmensch der Gnade' zu werden. Wir können über ihn sprechen und für ihn arbeiten, aber weit entfernt von seinem Herzen leben, das sich zu denen ausstreckt, die verletzt sind.

Das ist die Versuchung: eine ‚Spiritualität der Vorspiegelung': Wir können die Wüsten der Menschheit durchqueren und nicht sehen, was wirklich los ist, sondern nur das, was wir sehen möchten; wir sind fähig, Weltanschauungen zu konstruieren, akzeptieren aber nicht, was der Herr uns vor Augen führt. Ein Glaube, der sich nicht im Leben der Menschen zu verwurzeln weiß, bleibt trocken, und anstatt Oasen zu schaffen, verursacht er weitere Wüsten"[67] – ein Plädoyer gegen die Versuchung der Herzenshärte.

Als zweite Versuchung nannte er einen ‚Planungs-Glauben'. „Wir können mit dem Volk Gottes vorangehen, haben aber schon unseren Zeitplan, in den alles gut eingeordnet ist: Wir wissen, wohin es gehen soll und wie viel Zeit dafür nötig ist; alle müssen unsere Rhythmen einhalten, und jeder Zwischenfall stört uns … Wer lästig wird oder nicht ebenbürtig ist, muss ausgeschlossen werden. Jesus will dagegen einschließen, vor allem die, welche ausgegrenzt sind und zu ihm schreien. Diese haben Glauben – wie Bartimäus –, denn zu wissen, dass man der Rettung bedarf, ist der beste Weg, um Christus zu begegnen" – ein Plädoyer für den Weg der Inklusion.

Ja, da ist er wieder, der Originalton von Papst Franziskus: werbend, charmant und bilderreich. Um den Tenor des Abschlussschreibens muss einem nicht bange sein – aber welche Konsequenzen folgen daraus für das Handeln der Kirche?

Ein Sprachereignis. Zum nachsynodalen Schreiben Amoris laetitia (2016)

Das nachsynodale Schreiben *Amoris laetitia* ist ein Sprachereignis. Eine völlig neue Sprache des Lehramts wird sichtbar. „Erfrischend unpeinlich" nennt es die Journalistin Christiane Florin, „entwaffnend liebevoll und wohltuend geerdet" die Münsteraner Systematische Theologin Julia Knop, „genial, wild und unersättlich" die Berliner Referentin für Ehe und Familie, Ute Eberl. Mit unersättlich meint sie die „Unersättlichkeit an Barmherzigkeit"[68].

Die Bibel wird neu zum Leuchten gebracht. Biblische Zitate sind keine „dicta probantia" mehr für das feststehende Dogma, sondern eine Lernchance für die Kirche. Der Umgang mit den Psalmen gehört ebenso dazu wie die Auslegung des Hohen Liedes im Ersten Korintherbrief. Der Bonner Neutestamentler Martin Ebner ist begeistert von diesem Ton: Da schreibt ein Papst, der sich selbst hat belehren lassen. Der Expertenwissen abfragt und diesem Expertenwissen weiten Raum gibt. Er hegt die Hoffnung, dass auch die Pfarrer bei ihrer Sonntagspredigt sich dieser Mühe unterziehen und den Bedeutungen der Wörter in ihrem ursprünglichen Umfeld nachspüren. Wie hatte Papst Johannes XXIII. formuliert: „Wir sind eben erst dabei, das Evangelium neu zu verstehen."

Das Schreiben erliegt nicht der Versuchung der alten Dichotomie erlaubt/nicht erlaubt, sondern möchte zur Fülle des Lebens anleiten. Dazu gehören Liebe und Sexualität. Dabei werden die Ambivalenzen genauso gesehen wie die Schönheiten. Sexualität ist eine Form von Zärtlichkeit und nicht nur auf Kinderzeugung ausgerichtet.

Zum ersten Mal in der Lehrtradition der Kirche wird die Ehe nicht hinter die Jungfräulichkeit gestellt, sondern gleichberechtigt gesehen, es werden sogar eher die Gefahren des zölibatären Singles thematisiert: „Der Zölibat läuft Gefahr, eine bequeme Einsamkeit zu sein, welche die Freiheit gewährt, sich selbstbestimmt zu bewegen, Orte, Aufgaben und Entscheidungen zu ändern, über das eigene Geld zu verfügen, je nach der Attraktion des Momentes Kontakte mit verschiedenen Menschen zu pflegen. Hier glänzt das Zeugnis der Verheirateten. Wer zur Jungfräulichkeit berufen ist, kann in manchen Ehen ein deutliches Zeichen der großherzigen und unerschütterlichen Treue Gottes zu seinem Bund finden, das sein Herz zu einer konkreteren und hingebungsvolleren Verfügbarkeit anspornt. Denn es gibt Verheiratete, die ihre Treue bewahren, wenn der Partner oder die Partnerin physisch unangenehm geworden ist oder die eigenen Bedürfnisse nicht befriedigt, und das, obwohl viele Angebote zur Untreue einladen oder dazu, den bzw. die andere zu verlassen. Eine Frau kann ihren kranken Ehegatten pflegen und dort erneut das Jawort ihrer Liebe bis zum Tod sprechen. In dieser Liebe erstrahlt in beeindruckender Weise die Würde des liebenden Menschen – Würde als Abglanz der schenkenden Liebe (*caritas*) –, denn dieser Liebe geht es mehr darum zu lieben, als selbst geliebt zu werden. In vielen Familien können wir auch eine Fähigkeit zu hingebungsvollem und zärtlichem Dienst gegenüber schwierigen und sogar undankbaren Kindern bemerken. Das macht diese Eltern zu einem Zeichen der freien und selbstlosen Liebe Jesu. All das wird zu einer Einladung an die zölibatär lebenden Personen, ihre Hingabe an das Reich Gottes mit mehr Großherzigkeit und größerer Verfügbarkeit zu leben."

Das Jahr der Barmherzigkeit war von Anfang an die hermeneutische Idee von Papst Franziskus für die beiden Synoden: bei aller Beschäftigung mit den Phänomenen von Familie und Ehe geht es um Anerkennung der Realität und den Dreischritt von Begleiten, Unterscheiden und Eingliedern. Die Logik der Barmherzigkeit mündet in Integration.

Zu erwähnen ist ferner, dass neben der Bibel und der Tradition auch moderne Literatur (Octavio Paz und Jorge Borges), aber auch Erich Fromms *Die Kunst des Liebens* zitiert werden. Die Kirche hat kein Monopol auf die Deutung des Lebens, sondern lernt von anderen Disziplinen und Künsten.

Deutlich wird ferner, dass es keine einheitlichen Lösungen mehr geben kann, sondern nur Lösungen, die den Menschen vor Ort gerecht werden und dadurch der Einheit dienen, weil sie ehrlich sind und nicht von Doppelmoral begleitet.

Die Kirche partizipiert an der Freude und Liebe der Menschen und schreibt sie ihnen nicht vor: „Die Freude der Liebe, die in den Familien gelebt wird, ist auch die Freude der Kirche. So haben die Synodenväter darauf hingewiesen, dass trotz der vielen Anzeichen einer Krise der Ehe ‚vor allem unter den Jugendlichen der Wunsch nach einer Familie lebendig [bleibt]. Dies bestärkt die Kirche'."

Der synodale Weg ermöglicht, die Situation der Familien in der heutigen Welt offen darzulegen, den Blick zu weiten und die Bedeutung der Ehe und der Familie neu bewusst zu machen. Die Vielschichtigkeit der angesprochenen Themen macht die Notwendigkeit deutlich, einige doktrinelle, moralische, spirituelle und pastorale Fragen unbefangen weiter zu vertiefen.

Nicht alle doktrinellen, moralischen oder pastoralen Diskussionen müssen durch ein lehramtliches Eingreifen entschieden werden. Selbstverständlich ist in der Kirche eine Einheit der Lehre und der Praxis notwendig, aber kein

Hindernis dafür, dass verschiedene Interpretationen einiger Aspekte der Lehre oder einiger Schlussfolgerungen, die aus ihr gezogen werden, weiterbestehen. Es können in jedem Land oder jeder Region besser inkulturierte Lösungen gesucht werden, welche die örtlichen Traditionen und Herausforderungen berücksichtigen. Pastoral wird damit zu einer gut geleiteten Synodalität.

Liest man *Amoris laetitia* im Vergleich zu *Familiaris consortio* oder zu den Aussagen des Weltkatechismus, so zeigt sich der Weg von einer objektivistischen Morallehre zu einer evangeliumsgemäßen Theologie und Pastoral. Papst Franziskus unterstreicht die Kontinuität der Lehre seiner Vorgänger, er geht aber einen Schritt weiter. Es handelt sich um einen Perspektivenwechsel, denn „es ist nicht mehr möglich zu behaupten, dass alle, die in irgendeiner ‚irregulären' Situation leben, sich in einem Zustand der Todsünde befinden und die heiligmachende Gnade verloren haben." (AL 301) Damit ist die Phase der theologischen Schummelhermeneutik vorbei – man kann nicht mehr an dieser Aussage vorbei Pastoral gestalten. Dafür bedarf es auch keiner Veränderung einer kirchenrechtlichen Norm, weil das Kirchenrecht in diesem Fall gar keine Verweigerung der Kommunion vorsieht. Der Papst trägt also keinen Bruch in die Lehrtradition ein, sondern beseitigt einen Widerspruch, der ihr bisher anhaftete.

Das Dokument ist aber weit mehr als eine Lösung im Hinblick auf die wiederverheirateten Geschiedenen, es entfaltet eine neue Sicht auf die menschliche Sexualität und löst sie aus der Tradition des Pessimismus seit Augustinus. Das Heitere, das Spielerische, die Lustdimension und das Ekstatische von Sexualität kommen auch im Titel des Schreibens *Amoris laetitia* zum Ausdruck.

Die deutschen Bischöfe haben in ihrem Schreiben *Einladung zu einer erneuerten Ehe- und Familienpastoral im Licht von Amoris Laetita* (23. Januar 2017) das päpstliche Schreiben positiv aufgegriffen. Sie betonen die Unauflöslichkeit der Ehe als unverzichtbares Glaubensgut der Kirche, plädieren aber für differenzierte Lösungen, die dem Einzelfall gerecht werden. „Wir sind berufen, die Gewissen zu bilden, nicht aber dazu, den Anspruch zu erheben, sie zu ersetzen" (AL 37). Sie folgen ganz der Linie von Papst Franziskus: begleiten, unterscheiden, eingliedern.

Der Knoten ist gelöst – jetzt geht es um eine neue Praxis jenseits jeder Schummelhermeneutik.

Die Grundhaltungen von Papst Franziskus

Eine erste Grundhaltung ist die Freude am Evangelium. Diese Freude muss die Kirche wieder entdecken, und zwar ohne Hinzufügungen oder Entschärfungen: Es geht ihm um ein „Evangelium sine glossa“ ganz im Sinn des hl. Franziskus (EG 271). Aus dieser Freude am Evangelium erwächst ein neues Amtsverständnis: Das Amt soll nicht überwachen, sondern wachen, d. h. wachsam Prozesse begleiten.

Der Wächter

Papst Franziskus hat ein ganz eigenes Verständnis vom Bischofsamt, das er während seiner Zeit in Buenos Aires entwickelt und praktiziert hat. Im Apostolischen Schreiben *Evangelii gaudium* bekräftigt der Papst: „Es ist klar, dass Jesus Christus uns nicht als Fürsten will, die abfällig herabschauen, sondern als Männer und Frauen des Volkes. Das ist nicht die Meinung eines Papstes, noch eine pastorale Option unter möglichen anderen. Es sind so klare, direkte und überzeugende Weisungen des Wortes Gottes, dass sie keiner Interpretation bedürfen, die ihnen nur ihre mahnende Kraft nehmen würden. Leben wir sie ‚sine glossa‘ – ohne Kommentar“ (EG 271).

Bereits 2001 hat Kardinal Bergoglio seine Überlegungen unter dem Titel „Der Bischof, Diener des Evangeliums Jesu Christi für die Hoffnung der Welt“ angestellt. Dieses Charisma, das auch eine eigene Sendung des Bischofs darstellt, besteht darin „zu wachen“. „Der Bischof ist derjenige, der wacht; er hält an der Hoffnung fest, indem er für sein Volk wacht (1 Petr 5,2). Eine geistliche Haltung legt die Betonung darauf, das Volk in einer Art ‚Zusammenschau‘ zu über-wachen; es gehört zu den Aufgaben des Bischofs, aufmerksam zu sein für das, was die Herde zusammenhält. Eine andere geistliche Haltung akzentuiert das Wachehalten dessen, der auf Gefahren aufmerksam ist. Beide Haltungen haben mit dem Kern der bischöflichen Sendung zu tun und beziehen all ihre Kraft aus der Einstellung, die ich für die wesentlichste halte, nämlich die des Wachens.

Eine der am meisten bestechenden Veranschaulichungen dieser Haltung ist die des Exodus, wo von Jahwe gesagt wird, er habe in der Nacht des Pascha über sein Volk gewacht; deswegen heißt sie ‚eine Nacht des Wachens‘ (Ex 12,42). Unterstreichen will ich die besondere Tiefe des Wachens im Vergleich zu einem allgemeineren Überwachen oder zu einem näher konkretisierten Wachehalten. Das Überwachen bezieht sich eher auf die Wahrung der Lehre und der Sitten, wohingegen Wachen eher meint, dafür Sorge zu tragen, dass Salz und Licht in den Herzen ist. Wache halten bedeutet das Auf-der-Hut-Sein gegenüber der drohenden Gefahr, wachen dagegen besagt, mit Geduld jene Prozesse zu ertragen, durch die der Herr das Heil seines Volkes voranbringt. Um Wache zu halten, genügt es, wach, schlau, schnell zu sein. Für das Wachen sind zusätzlich die Sanftheit, die Geduld und die Beständigkeit der erprobten Liebe vonnöten. Überwachen und Wachehalten verraten uns etwas von einer notwendigen Kontrolle. Das Wachen dagegen lässt uns an Hoffnung denken, an die Hoffnung des barmherzigen Vaters, der wachend zuschaut, wie sich die Herzen seiner Söhne entwickeln. Das Wachen zeigt und festigt die parrhesia des Bischofs, der von Hoffnung zeugt, ‚ohne das Kreuz Christi abzuwerten'.

Neben das Bild von Jahwe, der über den großen Auszug seines Bundesvolkes wacht, tritt ein weiteres, vielleicht gewöhnlicheres, aber ebenfalls starkes Bild, nämlich das des heiligen Josef. Bis in den Schlaf hinein wacht er über das Kind und seine Mutter. Aus diesem tiefsinnigen Wachen des Josef stammt die schweigsame Zusammenschau, die in der Lage ist, für seine kleine Herde mit armseligen Mitteln zu sorgen. Und ebenso entspringt daraus der wachsame, prüfende Blick, mit dem Josef alle Gefahren meiden konnte, die das Kind bedrohten."

Hier finden sich zentrale Begriffe für seine Pastoral: Es geht nicht um Überwachen, sondern um Wachen, um Begleitung in wichtigen Prozessen, so wie ein Vater und Mutter die Kinder begleiten.

Der Geruch der Herde

Papst Franziskus hat kein Problem, auch von den „Sünden der Hirten" zu sprechen, sich selbst und die Kurie einschließend. Gleichwohl entstammt, um genau hinzuschauen, seine am meisten bezeichnende Aussage über die Hirten, mit der er das Herz aller berührt hat, nicht der Moral, die mit dem Geschmack der Verpflichtung daherkommt, sondern dem Bereich des „Ästhetischen", das anziehend wirkt. Sein berühmter Satz lautet: Ich will „Hirten mit dem Geruch der Schafe" – und „dem Lächeln eines Vaters", wie er in seiner Ansprache am Gründonnerstag hinzufügte. Dies ist die Gestalt des Bischofs, wie sie Franziskus am Herzen liegt. Und sie gilt in derselben Weise für die Priester, für die Kardinäle und den Papst selbst. Es geht ihm um Hirten, die sich nicht bloß mit der Wolle ihrer Schafe kleiden wollen, sondern „leidenschaftlich darauf aus sind“, ihnen zu dienen.

Es ist weniger von einer Gestalt als vielmehr von einem Geruch des Bischofs die Rede, einem Geruch, der – wie jeder starke Duft – deutlich eine Vielzahl von Bildern hervorruft. Das herausragende Bild jedoch, das „‚*sine glossa*‘ erfasst“ (EG 271), das „gewittert“ werden soll, ist zweifelsohne dasjenige eines Hirten, der die Schafe weidet und nicht sich selbst.

Der Hirte wird vom Geruch der Schafe dann durchtränkt, wenn er inmitten seines Volkes ist. Ausgeschlossen ist es, einen solchen Geruch im Labor herzustellen – der ehemalige Chemielaborant weiß das. Ein Hirte wird auch nicht dadurch infiziert, wenn er bei seinem Volk ist, um es zu weiden; vielmehr handelt es sich um jenen Geruch, der auch ihm als Schaf zu eigen ist und ihn daran erinnert, dass auch er aus demselben Volk herausgerufen worden ist, dem er jetzt als Hirte dient.

In allem gilt es, die Freude des Evangeliums ansteckend zu leben und keinem Pessimismus zu huldigen. Aus der Freude am Evangelium entstehen weitere zentrale Haltungen:

- Positiv denken: „Unser Glaube ist herausgefordert, den Wein zu erahnen, in den das Wasser verwandelt werden kann, und den Weizen zu entdecken, der inmitten des Unkrauts wächst.“ (EG 84) Hier denkt Franziskus ganz in der Linie der Eröffnungsansprache des Zweiten Vatikanischen Konzils von Papst Johannes XXIII.

- Solidarisch sein: Franziskus spricht von einer mystischen Geschwisterlichkeit ganz im Sinne der Mystik der offenen Augen des Theologen Johann B. Metz. Er setzt sie einer Spiritualität des Wohlbefindens ohne Gemeinschaft und einer Theologie des Wohlstands ohne brüderlichen Einsatz entgegen. Nur so wird Kirche zu einer solidarischen Karawane, zu einer heiligen Wallfahrt, zum Volk Gottes unterwegs (EG 87).
- In Gemeinschaft leben: Franziskus sagt von sich selbst, dass er ohne Gemeinschaft nicht leben kann. „Ich brauche Gemeinschaft. Und das wird aus der Tatsache verständlich, dass ich hier in Santa Marta wohne: Als ich in das Haus einzog, wurde mir per Los das Zimmer 207 zugeteilt. Das Zimmer, in dem wir uns jetzt befinden, war ein Gästezimmer. Ich habe mich entschieden, hier, im Zimmer 201, zu wohnen, weil ich, als ich die päpstliche Wohnung in Besitz nahm, in mir ein deutliches Nein spürte. Das päpstliche Appartement im Apostolischen Palast ist nicht luxuriös. Es ist alt, geschmackvoll eingerichtet und groß, nicht luxuriös. Aber letztlich gleicht es einem umgekehrten Trichter. Es ist groß und geräumig, aber der Eingang ist wirklich schmal. Man tritt tropfenweise ein. Das ist nichts für mich. Ohne Menschen kann ich nicht leben.“[69] Mit dem kleinen Eingang meinte er nicht den faktischen Türeingang, sondern den ausschließlich vom Privatsekretär kontrollierten Eingang. Erst dadurch wird er klein.
- Tutiorismus des Wagnisses: Er wendet sich gegen eine vermeintlich doktrinelle oder disziplinarische Sicherheit, die zu einem narzisstischen und autoritären Elitebewusstsein führt und alle Energien im Kontrollieren verbraucht (EG 94). Das führt auch zu einem aggressi-

ven Missionsgehabe, das dem Verhalten von besiegten Generälen gleicht. Sie kompensieren ihre Niederlage durch übersteigerte Expansionsprojekte. Die Kirchengeschichte ist aber deshalb ruhmreich, weil sie eine Geschichte der Opfer, des täglichen Ringens und des im Dienst aufgeriebenen Lebens ist.

– Am Leben sein: Wir sind dann am Leben, wenn sich unser Herz mit Geschichten und Namen füllt. Auch das Gebet ist nur dann Gebet, wenn es angefüllt ist mit Namen. Eine Betrachtung, die andere draußen lässt, ist kein Gebet, sondern eine Selbsttäuschung.
– Seine Theologie: Er bedauert, dass er Theologie und Philosophie in Handbüchern des dekadenten Thomismus studiert hat. Beim Nachdenken über den Menschen muss die Kirche jedoch Genialität suchen, nicht Dekadenz oder Trivialität. Er selbst hat eine Theologie der Inklusion. „Ich habe eine dogmatische Sicherheit: Gott ist im Leben jeder Person. Gott ist im Leben jedes Menschen.“[70]

Einfachheit des Lebens

Der argentinische Friedensnobelpreisträger Adolfo Pérez Esquivel überreichte Franziskus kurze Zeit nach seiner Wahl am 24. Juni 2013 ein Exemplar des sog. Katakombenpakts. Längst lebte Franziskus danach. Was ist der Katakombenpakt?

Am 16. November 1965 – drei Wochen vor dem Abschluss des Zweiten Vatikanischen Konzils – trafen sich in den Domitilla-Katakomben außerhalb Roms 40 Bischöfe der ganzen Welt. Sie griffen ein Leitwort auf, das Papst Johannes XXIII. einige Jahre vorher ausgegeben hatte, und legten ein Gelübde ab. Sie versprachen, nach ihrer Rückkehr vom Konzil ein einfaches Leben zu führen und den Machtinsignien zu entsagen sowie einen Pakt mit den Armen zu schließen – die so genannte Option für die Armen.

Die Lebensweise von Papst Franziskus wird auf dem Hintergrund des Katakombenpakts ganz neu verständlich.

Die Reisen: kein Flughafenpapst, sondern an der Seite der Armen

Als Franziskus zum Papst gewählt wurde, stand die erste Reise schon fest: zum Weltjugendtag in Brasilien. Papst Benedikt ist deswegen zurückgetreten – seiner Aussage nach –, weil er diese Reise gesundheitlich nicht mehr schaffen würde. Franziskus wollte aber das verordnete Reiseprogramm durch eine programmatische Reise neu gewichten: Er wollte das Korsett des Reisepapsttums durch eine neue Sehweise sprengen. Reisen sind kein Selbstzweck, der Papst ist kein Flughafenpapst, sondern er ist solidarisch an der Seite der Armen. Das wollte er mit seiner Reise auf die Insel Lampedusa am 8. Juli 2013 zum Ausdruck bringen.

Seine Predigt enthielt zwei Botschaften. Zum einen, dass ihm der Tod vieler Flüchtlinge einen Stich ins Herz versetze: „Als ich vor einigen Wochen diese Nachricht hörte, die sich leider sehr oft wiederholte, drangen die Gedanken immer wieder wie ein Leid bringender Stich ins Herz. Und da habe ich gespürt, dass ich heute hierher kommen musste, um zu beten, um eine Geste der Nähe zu setzen, aber auch um unsere Gewissen wachzurütteln, damit sich das Vorgefallene nicht wiederhole. Es wiederhole sich bitte nicht." Er verband aber diesen Mahnruf auch mit einem Dank an die Inselbewohner, die alles in ihrer Macht Stehende unternehmen und ein Beispiel der Solidarität leisten.

Zum anderen stellte er die Situation von Lampedusa unter das Licht des Evangeliums: Er versuchte eine Auslegung der Zeichen der Zeit im Licht des Evangeliums: „Wo ist dein Bruder?" Sein Blut schreit bis zu mir, sagt Gott. Das ist keine Frage, die an andere gerichtet ist, es ist eine Frage, die an mich, an dich, an jeden von uns gerichtet ist. Gott fragt einen jeden von uns: „Wo ist dein Bruder, dessen Blut zu mir schreit?" Niemand in der Welt fühlt sich heute dafür verantwortlich; wir haben den Sinn für brüderliche Verantwortung verloren; wir sind in die heuchlerische Haltung des Priesters und des Leviten geraten, von der Jesus im Gleichnis vom barmherzigen Samariter sprach: Wir sehen den halbtoten Bruder am Straßenrand, vielleicht denken wir „Der Arme" und gehen auf unserem Weg weiter; es ist nicht unsere Aufgabe; und damit beruhigen wir uns selbst und fühlen uns in Ordnung. Die Wohlstandskultur, die uns dazu bringt, an uns selbst zu denken, macht uns unempfindlich gegen die Schreie der anderen; sie lässt uns in Seifenblasen leben, die schön, aber nichts sind, die eine Illusion des Nichtigen, des Flüchtigen sind, die zur Gleichgültigkeit gegenüber den anderen führen, ja zur Globalisierung der Gleichgültigkeit.

Franziskus gibt den Toten ein Gesicht, sie sind nicht einfach die Flüchtlinge, Migranten ohne Biografie oder gar ein Flüchtlingsstrom. Und dann wieder eine provokative Identifikation: Wir sind eher Herodes, der die unschuldigen Kinder mordet, als barmherziger Samariter. Anfang der Umkehr wäre das Erschrecken darüber, wie wir verstrickt sind in diese Zusammenhänge, in sozioökonomische Kontexte, die solche Dramen verursachen. Wie ein Dramatiker versetzt er uns zunächst in Furcht und Erschrecken, damit wir überhaupt zum Mitleid und zum Handeln fähig werden.

Das Mittelmeer als großer Friedhof

Eine ähnliche Strategie wählte er bei seiner Ansprache an das Europaparlament in Straßburg am 25. November 2014: Er verwies dabei auf die Wegwerfkultur und einen hemmungslosen Konsumismus. Dagegen stehe die Tradition der Menschenwürde und der Menschenrechte. Der Mensch könne auf zweierlei Art unter die Räder geraten: durch einen wegschauenden Idealismus genauso wie durch eine Funktionalisierung des Menschen. Himmel und Erde müssen eine neue Verbindung eingehen.

Die Herausforderung dieser Tage ist für ihn das Migrationsproblem. „Man kann nicht hinnehmen, dass das Mittelmeer zu einem großen Friedhof wird! Auf den Kähnen, die täglich an den europäischen Küsten landen, sind Männer und Frauen, die Aufnahme und Hilfe brauchen. Das Fehlen gegenseitiger Unterstützung innerhalb der Europäischen Union läuft Gefahr, partikularistische Lösungen des Problems anzuregen, welche die Menschenwürde der Einwanderer nicht berücksichtigen und Sklavenarbeit sowie ständige soziale Spannungen begünstigen. Europa wird imstande sein, die mit der Einwanderung verbundenen Problemkreise zu bewältigen, wenn es versteht, in aller

Klarheit die eigene kulturelle Identität vorzulegen und geeignete Gesetze in die Tat umzusetzen, die fähig sind, die Rechte der europäischen Bürger zu schützen und zugleich die Aufnahme der Migranten zu garantieren; wenn es korrekte, mutige und konkrete politische Maßnahmen zu ergreifen versteht, die den Herkunftsländern der Migranten bei der sozio-politischen Entwicklung und bei der Überwindung der internen Konflikte – dem Hauptgrund dieses Phänomens – helfen, anstatt Politik der Eigeninteressen zu betreiben, die diese Konflikte steigert und nährt. Es ist notwendig, auf die Ursachen einzuwirken und nicht nur auf die Folgen."

Wieder ein starkes Bild: das Mittelmeer als Friedhof. Dabei gilt es die Ursachen zu bekämpfen und nicht nur die Folgen.

Das Jahr der Barmherzigkeit

Das Geheimnis der Barmherzigkeit gilt es stets neu zu betrachten. Es ist Quelle der Freude, der Gelassenheit und des Friedens.

Am 8. Dezember 2015, dem Hochfest der ohne Erbsünde empfangenen Jungfrau und Gottesmutter Maria, eröffnet Papst Franziskus das außerordentliche heilige Jahr. Am darauffolgenden Sonntag, dem 3. Advent, wird die Heilige Pforte in der Bischofskirche von Rom, der Basilika Sankt Johannes im Lateran, geöffnet. Nach und nach folgen die anderen Papstbasiliken in Rom. Für den gleichen Sonntag legt er fest, dass in allen Teilkirchen entweder in der Bischofskirche, die die Mutter aller Kirchen im Bistum ist, oder in der Konkathedrale oder in einer anderen

Kirche mit herausragender Bedeutung für die Dauer des Heiligen Jahres ebenfalls eine *Pforte der Barmherzigkeit* geöffnet werde. Es liegt in der Entscheidung des Ortsbischofs, ob auch in Wallfahrtsheiligtümern, zu denen viele Pilger kommen, eine solche Pforte geöffnet wird. An diesen heiligen Orten machen ja tatsächlich viele Pilger die Erfahrung der Gnade, die sie im Herzen trifft und zur Umkehr führt. Jede Teilkirche ist also direkt in dieses Heilige Jahr einbezogen und möge es als einen Moment außerordentlicher Gnade und spiritueller Erneuerung leben. Dieses Jubiläum wird daher in Rom gefeiert wie in den Teilkirchen und wird damit zum sichtbaren Zeichen der Gemeinschaft der ganzen Kirche. Und dann der wichtige Hinweis:

„Ich habe den 8. Dezember als Eröffnungstermin gewählt, weil er eine große Bedeutung in der jüngsten Kirchengeschichte hat. Ich werde nämlich die Heilige Pforte genau 50 Jahre nach dem Ende des II. Vatikanischen Ökumenischen Konzils öffnen. Die Kirche spürt das Verlangen, diesen Moment lebendig zu erhalten. Für sie begann damals ein neuer Weg in ihrer Geschichte. Die Konzilsväter hatten stark – wie ein wahres Wehen des Geistes – die Notwendigkeit verspürt, zu den Menschen ihrer Zeit in einer verständlicheren Weise von Gott zu sprechen. Mauern, die die Kirche allzu lange in einer privilegierten Festung eingeschlossen hatten, wurden eingerissen, und die Zeit war gekommen, um das Evangelium auf neue Weise zu verkünden. Eine neue Etappe der immer anstehenden Evangelisierung hatte begonnen. Eine neue Verpflichtung für alle Christen, mit verstärktem Enthusiasmus und voller Überzeugungskraft Zeugnis für ihren Glauben abzulegen. Die Kirche spürte die Verantwortung, in der Welt das lebendige Zeichen der Liebe des Vaters zu sein."

Wieder verweist Franziskus auf Johannes XXIII. und seine Ansprache, die dieser bei der Eröffnung des Konzils gehalten hatte und mit der er dessen Richtung vorgab: „Heute dagegen möchte die Braut Christi lieber das Heilmittel der Barmherzigkeit anwenden als die Waffen der Strenge ... Die katholische Kirche, während sie durch dieses ökumenische Konzil die Leuchte der katholischen Glaubenswahrheit hoch hält, will sich damit als eine sehr liebevolle, gütige und geduldige Mutter aller erweisen, voller Erbarmung und mit Wohlwollen für ihre Kinder, die von ihr getrennt sind". Ebenso erwähnt er Paul VI., der zum Abschluss des Konzils feststellte: „Wir wollen vielmehr unterstreichen, dass die Religion dieses Konzils die Nächstenliebe ist ... Die uralte Erzählung vom barmherzigen Samariter wurde zum Paradigma für die Spiritualität dieses Konzils."

Barmherzigkeit – ein biblisches Schlüsselwort

Die Barmherzigkeit ist in der Heiligen Schrift das Schlüsselwort, um Gottes Handeln zu beschreiben. Er beschränkt sich nicht darauf, seine Liebe zu beteuern, sondern er macht sie sichtbar und greifbar. Tatsächlich kann die Liebe nie ein abstrakter Begriff sein. Aus ihrer Natur heraus ist sie stets konkrete Wirklichkeit: Absichten, Einstellungen und Verhalten, die sich im tagtäglichen Handeln bewähren. Die Barmherzigkeit Gottes entspringt seiner Verantwortung für uns. Er fühlt sich verantwortlich, d. h. er will unser Wohl, und er will uns glücklich sehen, voller Freude und Gelassenheit. Auf der gleichen Wellenlänge muss die barmherzige Liebe der Christen liegen. Wie der Vater liebt, so lieben auch seine Kinder. So wie er barmherzig ist, sind auch wir berufen, untereinander barmherzig zu sein.

Es ist der aufrichtige Wunsch von Papst Franziskus, dass die Christen während des Jubiläums über die leiblichen und geistigen Werke der Barmherzigkeit nachdenken. Das soll eine Form sein, das Gewissen, das gegenüber dem Drama der Armut oft eingeschlafen ist, wachzurütteln und immer mehr in die Herzmitte des Evangeliums vorzustoßen, in dem die Armen die Bevorzugten der göttlichen Barmherzigkeit sind. Die Verkündigung Jesu nennt diese Werke der Barmherzigkeit, damit wir prüfen können, ob wir als seine Jünger leben oder eben nicht.

Eindringlich mahnt er: „Entdecken wir erneut die *leiblichen Werke der Barmherzigkeit*: Hungrige speisen, Durstigen zu trinken geben, Nackte bekleiden, Fremde aufnehmen, Kranke pflegen, Gefangene besuchen und die Toten begraben. Und vergessen wir auch nicht die *geistigen Werke der Barmherzigkeit*: den Zweifelnden recht raten, die Unwissenden lehren, die Sünder zurechtweisen, die Betrübten trösten, Beleidigungen verzeihen, die Lästigen geduldig ertragen und für die Lebenden und Verstorbenen zu Gott beten.

Wir können uns nicht den Worten des Herrn entziehen, auf deren Grundlage wir einst gerichtet werden: Haben wir dem Hungrigen zu essen gegeben und dem Durstigen zu trinken? Haben wir Fremde aufgenommen und Nackte bekleidet? Hatten wir Zeit, um Kranke und Gefangene zu besuchen? (vgl. Mt 25,31–45).“

Papst Franziskus hat mit dem Heiligen Jahr der Barmherzigkeit eine bedeutende konzilshermeneutische Weichenstellung vollzogen. Erinnert sei zunächst nochmals an die Eröffnungsbulle: „Ich habe den 8. Dezember als Eröffnungstermin gewählt, weil er eine große Bedeutung in der jüngsten Kirchengeschichte hat. Ich werde nämlich die Heilige Pforte genau 50 Jahre nach dem Ende des II. Vatikanischen Ökumenischen Konzils öffnen. Die Kirche spürt das Verlangen, diesen Moment lebendig zu erhalten. Für sie begann damals ein neuer Weg in ihrer Geschichte. Die Konzilsväter hatten stark – wie ein wahres Wehen des Geistes – die Notwendigkeit verspürt, zu den Menschen ihrer Zeit in einer verständlicheren Weise von Gott zu sprechen. Mauern, die die Kirche allzu lange in einer privilegierten Festung eingeschlossen hatten, wurden eingerissen, und die Zeit war gekommen, um das Evangelium auf neue Weise zu verkünden. Eine neue Etappe der immer anstehenden Evangelisierung hatte begonnen. Eine neue Verpflichtung für alle Christen, mit verstärktem Enthusiasmus und voller Überzeugungskraft Zeugnis für ihren Glauben abzulegen. Die Kirche spürte die Verantwortung, in der Welt das lebendige Zeichen der Liebe des Vaters zu sein."

Konzilshermeneutisch bedeutsam ist das Heilige Jahr der Barmherzigkeit in mindestens dreierlei Hinsicht:

Der Papst rückt die Verschränkung von Evangelium und Leben ins Zentrum der Konzilshermeneutik. Der Papst schreibt das Konzil in die Geschichte der Kirche und diese in die Geschichte der Welt ein. Der Papst bindet mit Verweis auf das Konzilsverständnis von Johannes XXIII. und Paul VI. das Konzil und seine Hermeneutik an die zentrale Botschaft von der Barmherzigkeit. Nimmt man diese drei Dimensionen zusammen, so erweist sich eine „Konzilshermeneutik der Barmherzigkeit" als Synthese der in den vergangenen Jahren und Jahrzehnten erfolgten aufrichtigen Bemühungen um ein angemessenes Verständnis des Konzils und seiner Rezeption.

Damit wird deutlich, dass Barmherzigkeit der innerste Nukleus dieses Pontifikats ist: Es ist keine Barmherzigkeit von oben, sondern eine Barmherzigkeit, auf die alle angewiesen sind, einschließlich des Papstes: „Ich bin ein Sünder, den der Herr angeschaut hat", so sagt er immer von sich selbst. Und er erzählt von seinen Besuchen in der Kirche San Luigi dei Francesi, in der sich das von Caravaggio gemalte Bild von der Berufung des heiligen Matthäus befindet: „Es ist die Geste des Matthäus, die mich betroffen macht: Er packt sein Geld, als wollte er sagen: Nein, nicht mich! … Siehe, das bin ich: ein Sünder, den der Herr angeschaut hat." Das seien auch seine Worte nach der Wahl zum Papst gewesen: „Peccator sum, sed super misericordia et infinita patientia Domini nostri Jesu Christi confisus et in spiritu penitentiae accepto."[71]

Vor diesem Hintergrund erschließt sich auch, warum er den Klerikalismus als einen Standesdünkel zutiefst ablehnt. Er erhebt sich über die anderen. In seinem Interview bei der 36. Generalkongregation der Jesuiten am 24. Oktober 2016 führte er aus: Klerikalismus ist die ernsteste Krankheit der Kirche, er distanziert und ist reich an Stolz. Dieser Reichtum ist seine Armut.

In diesem Gespräch machte Franziskus auch deutlich, dass *Evangelii Gaudium* für ihn das wichtigste Dokument bleibt: Es muss nun noch vertieft werden. Es ist nichts anderes als eine Zusammenfassung von *Evangelii Nuntiandi* und des Schlussdokuments der Lateinamerikanischen

Bischofskonferenz in Aparecida, das er selbst redigiert hat. *Evangelii Gaudium* hat die Absicht, diese beiden Dokumente neu ins Bewusstsein zu rücken, sie aufzufrischen und neu zu präsentieren. Damit ist und bleibt es das Grundlagendokument der Kirche von heute.

Ausblick

Kardinal Martini hat in einem Interview kurz vor seinem Tod am 8. August 2012 in aller Deutlichkeit ausgesprochen, wie er sich eine Reform der Kirche vorstellt und was ein künftiger Papst dazu beitragen könnte. Er war selbst ein ernsthafter Papstkandidat.

Seiner Meinung nach ist die Kirche in den Wohlstandsländern Europas und Amerikas müde geworden. „Unsere Kultur ist alt, unsere Kirchen sind groß, Häuser sind leer, die Organisation wuchert, unsere Riten und Gewänder sind prächtig. Doch drücken sie das aus, was wir heute sind? Dienen die Kulturgüter, die wir zu pflegen haben, der Verkündigung und den Menschen? Oder binden sie zu sehr unsere Kräfte, so dass wir uns nicht bewegen können, wenn eine Not uns bedrängt? Der Reichtum belastet uns. Wir stehen da wie der reiche Jüngling, der traurig wegging, als ihn Jesus zur Mitarbeit gewinnen wollte. Ich weiß, dass wir nicht leicht alles verlassen können. Doch wir könnten zumindest Menschen suchen, die frei und den Menschen nahe sind. Wie es Erzbischof Romero und die Jesuitenmärtyrer von El Salvador waren. Wo sind die Helden bei uns, auf die wir schauen können? Keinesfalls dürfen wir sie mit den Fesseln der Institution behindern."

Auf die Frage, was ihn persönlich bewege, antwortete Martini: „Die Kirche ist 200 Jahre lang stehen geblieben. Warum bewegt sie sich nicht? Haben wir Angst? Angst statt Mut? Wo doch der Glaube das Fundament der Kirche ist. Der Glaube, das Vertrauen, der Mut. Ich bin alt und krank und auf die Hilfe von Menschen angewiesen.

Die guten Menschen um mich herum lassen mich die Liebe spüren. Diese Liebe ist stärker als die Hoffnungslosigkeit, die mich im Blick auf die Kirche in Europa manchmal überkommt. Nur die Liebe überwindet die Müdigkeit. Gott ist die Liebe."

Es ist nicht übertrieben zu sagen: Papst Franziskus hat innerhalb von vier Jahren geschafft, was Kardinal Martini noch als Traum und Wunsch formuliert hat.

Er spricht nicht nur von Umkehr, er lebt sie vor.

Er hat das Wort Gottes ganz neu zum Klingen gebracht. Sein Apostolisches Schreiben *Evangelii gaudium* ist ein Sprachereignis.

Die Sakramente sind für ihn Wege der Inklusion, nicht der Exklusion.

Seine Ansprachen in der täglichen Morgenmesse, bei den Auslandsreisen und in der Öffentlichkeit sind anregend und inspirierend.

Er bewegt Gläubige und Nichtgläubige.

Man kann mit Fug und Recht sagen. „Und er bewegt sie doch: Kirche und Welt."

Die Kirche ist nicht mehr 200 Jahre zurück, sondern wieder auf Augenhöhe und in gewisser Weise sogar Avantgarde.

Danke, Papst Franziskus.

Anmerkungen

1 Franziskus, Mein Leben – mein Weg, 128–132.
2 Die Übersetzung verdanke ich meinem Kollegen Michael Sievernich SJ.
3 Vgl. Lubac, Betrachtung.
4 Johannes XXIII., Geistliches Tagebuch, 304f.
5 Vgl. Arendt, Der christliche Papst.
6 Spadaro, Interview, 71.
7 Die Hinweise darauf verdanke ich einem gemeinsamen Seminar mit Martin Maier SJ in Himmelspforten im Dezember 2016.
8 Vgl. zu dieser Aussage Karl Rahner, Das Dynamische in der Kirche [1958]; in: Ders., Sämtliche Werke 10, 322–420.
9 Vgl. Ignatius von Loyola, Geistliche Übungen.
10 Vgl. Faber, Memoriale.
11 Memoriale, 374 [Brief vom 7. März 1546].
12 Vgl. das Gespräch von Giovanni di Lorenzo mit Papst Franziskus in der ZEIT vom 9. März 2017: „Ich kenne auch die leeren Momente“. Darin bekennt Franziskus: „Ich war nie in Augsburg“.
13 Frings, Konzilserinnerungen, in: Ders., Für die Menschen bestellt, 248.
14 Vgl. Trippen, Frings 2, 262.
15 Ratzinger, Kardinal Frings, 170.
16 Ratzinger, Die erste Sitzungsperiode, 41 f.
17 Ratzinger, Die letzte Sitzungsperiode, 76.
18 Benedikt XVI., Ansprache, 12.
19 Vgl. Ratzinger, Gesammelte Schriften 7, 5–9.
20 Vgl. zu diesen Bemerkungen Spadaro, Interview.
21 Guardini, Kultakt, 102.
22 Ebd.
23 Vgl. Fischer, Kult.
24 Ebd., 123.
25 Ebd., 124.
26 Vgl. Lorenzer, Konzil der Buchhalter.
27 Ebd., 207.
28 Hanssler, „Was ich geschrieben habe, habe ich geschrieben“, 178.
29 Stock, Rede, Gerede, 99.
30 Ebd., 100.
31 Ratzinger, Geist, 19.
32 Ebd., 145.

33 Mosebach, Häresie, 76f.
34 Der Text kann abgerufen werden unter http://de.radiovaticana.va/news/2016/11/10/papstinterview_liturgiereform,_predigen_und_augenkontakt/1271231 (letzter Zugriff: 2.5.2017).
35 Pesch, Konzil, 85f.
36 Ebd., 86.
37 Ebd., 87.
38 Zitiert nach: Sander, Theologischer Kommentar, 241.
39 Grootaers, Ebbe, 670.
40 Zitiert nach: Famerée, Bischöfe, 214f.
41 Zitiert nach: Peter Walter, „Responsibilitas urgenda est“, 109f. Peter Walter schildert auch die spätere Korrespondenz zwischen Reuß, Nordhues und Felici bis hin zur Beilegung des Konflikts anlässlich der Kardinalserhebung von Felici im Jahr 1967.
42 Vgl. Sander, Theologischer Kommentar, 257.
43 Kasper, Zur Theologie der christlichen Ehe, 73f.
44 Ebd., 81.
45 Johannes Paul II., Auszüge aus: „Apostolisches Schreiben Familiaris Consortio. Über die Aufgaben der christlichen Familie in der Welt von heute“ (1981), in: Schneider, Geschieden, 374f., hier: 374.
46 Es ist bemerkenswert, dass der Schlusstext der Bischofssynode vom 24. Oktober 2015, die sog. Relatio Synodi, in Nr. 85 ebenfalls auf Familiaris Consortio Nr. 84 verweist, aber genau diese Passage nicht zitiert!
47 Vgl. Kaiser, Geschieden.
48 Vgl. ebd., 100.
49 Ratzinger, Unauflöslichkeit [1972], 54.
50 Häring, Ausweglos, 9.
51 Ebd., 44.
52 Die Bischöfe der Oberrheinischen Kirchenprovinz, Zur seelsorglichen Begleitung von Menschen aus zerbrochenen Ehen, Geschiedenen und Wiederverheirateten Geschiedenen. Einführung, Hirtenwort und Grundsätze (1993), in: Schneider, Geschieden, 376–394, hier: 378.
53 Ebd., 394.
54 Kongregation für die Glaubenslehre, Schreiben an die Bischöfe der katholischen Kirche über den Kommunionempfang von wiederverheirateten geschiedenen Gläubigen (15.10.1994), in: Schneider, Geschieden, 401–405, hier: 401.
55 Ebd., 404.
56 Die Bischöfe der Oberrheinischen Kirchenprovinz, Brief an die hauptberuflich in der Seelsorge tätigen Damen und Herren in den Diözesen Freiburg i. Br., Mainz und Rottenburg-Stuttgart (Oktober 1994), in: Schneider, Geschieden, 406–411, hier: 408.

57 Vgl. Garhammer/Weber, Scheidung.
58 Kasper, Kirche, 41.
59 Vgl. Kasper, Evangelium.
60 Ebd., 65 f.
61 Vgl. Ratzinger, Unauflöslichkeit [2014], 615–621.
62 Vgl. Schockenhoff, Die zwei Seiten eines Textes. – Im selben Heft sind die beiden Textfassungen nebeneinandergestellt: HK 68 (2014), 609–612.
63 Lehmann, Mit langem Atem, 142 f.
64 Der Text ist mit weiteren zentralen Dokumenten veröffentlicht in: Schönborn, Berufung, 109–206.
65 Der Text kann abgerufen werden unter http://www.dbk.de/presse/details/?presseid=2940&cHash=656e3b12f7740ef0c8c4b60e80bc295f (letzter Zugriff: 27. Januar 2016).
66 Der Text ist zu finden unter http://w2.vatican.va/content/francesco/de/speeches/2015/october/documents/papa-francesco_20151024_sinodo-conclusione-lavori.html (letzter Zugriff: 27. Januar 2016).
67 Der Text kann abgerufen werden unter http://www.dbk.de/presse/details/?presseid=2945&cHash=ca6cee966bab97d6f651b85a0a9af840 (letzter Zugriff: 27. Januar 2016).
68 Vgl. die betreffenden Beiträge im von mir verantworteten Heft der Lebendigen Seelsorge 4/2016: Die Freude der Liebe.
69 Spadaro, Interview, 30 f.
70 Ebd., 62.
71 Ebd., 29 [Übersetzung: „Ich bin ein Sünder, aber im Vertrauen auf die Barmherzigkeit und die unendliche Geduld unseres Herrn Jesus Christus und im Geist der Buße nehme ich an.“].

Literatur

Hannah Arendt, Der christliche Papst. Bemerkungen zum Geistlichen Tagebuch Johannes' XXIII., in: Merkur 20 (1966) 362–372.

Benedikt XVI., Ansprache von Papst Benedikt XVI. an das Kardinalskollegium und die Mitglieder der Römischen Kurie beim Weihnachtsempfang; 22. Dezember 2005 (VAS 172), Bonn 2006.

Benedikt XVI., Letzte Gespräche mit Peter Seewald, München 2016.

Daniel Deckers, Papst Franziskus. Wider die Trägheit des Herzens; eine Biographie, München 2014.

Margit Eckholt, An die Peripherie gehen. In den Spuren des armen Jesus – Vom Zweiten Vatikanum zu Papst Franziskus, Ostfildern 2015.

Petrus Faber, Memoriale. Das geistliche Tagebuch des ersten Jesuiten in Deutschland; nach den Manuskripten übersetzt und eingeleitet von Peter Henrici (Christliche Meister; Bd. 38), Einsiedeln ²1989.

Joseph Famerée, Bischöfe und Bistümer, in: Giuseppe Alberigo/Klaus Wittstadt (Hg.), Geschichte des Zweiten Vatikanischen Konzils, Bd. 3: Das mündige Konzil. Zweite Sitzungsperiode und Intersessio; September 1963–September 1964, Mainz/Leuven 2002, 139–225.

Balthasar Fischer [u. a.], Kult in der säkularisierten Welt, Regensburg 1974.

Franziskus, Apostolisches Schreiben Evangelii Gaudium des Heiligen Vaters Papst Franziskus an die Bischöfe, an die Priester und Diakone, an die Personen geweihten

Lebens und an die christgläubigen Laien über die Verkündigung des Evangeliums in der Welt von heute; 24. November 2013 (VAS 194), Bonn 2013; zitiert als: EG.

Franziskus, Mein Leben – mein Weg; el Jesuita. Die Gespräche mit Jorge Mario Bergoglio von Sergio Rubin und Francesca Ambrogetti, Freiburg-Basel-Wien 2013.

Franziskus, Nachsynodales Apostolisches Schreiben Amoris Laetitia des Heiligen Vaters Papst Franziskus an die Bischöfe, an die Priester und Diakone, an die Personen geweihten Lebens, an die christlichen Eheleute und an alle christgläubigen Laien über die Liebe in der Familie; 19. März 2016 (VAS 204), Bonn 2016; zitiert als: AL.

Josef Frings, Konzilserinnerungen, in: Ders., Für die Menschen bestellt. Erinnerungen des Alt-Erzbischofs von Köln Josef Kardinal Frings, Köln 1973, 248.

Erich Garhammer/Franz Weber (Hg.), Scheidung – Wiederheirat – von der Kirche verstoßen? Für eine Praxis der Versöhnung, Würzburg 2012.

Jan Grootaers, Ebbe und Flut zwischen den Zeiten, in: Giuseppe Alberigo/Klaus Wittstadt (Hg.), Geschichte des Zweiten Vatikanischen Konzils, Bd. 2: Das Konzil auf dem Weg zu sich selbst. Erste Sitzungsperiode und Intersessio; Oktober 1962–September 1963, Mainz/Leuven 2000.

Romano Guardini, Der Kultakt und die gegenwärtige Aufgabe der Liturgischen Bildung, in: LJ 14 (1964) 101–106.

Bernhard Hanssler, „Was ich geschrieben habe, habe ich geschrieben“. Predigten, Vorträge, kleine Schriften, Köln-Weimar-Wien 1999.

Bernhard Häring, Ausweglos? Zur Pastoral bei Scheidung und Wiederverheiratung. Ein Plädoyer, Freiburg-Basel-Wien, 1989.

Johannes XXIII., Geistliches Tagebuch und andere geistliche Schriften, Freiburg-Basel-Wien ²1964.

Matthäus Kaiser, Geschieden und wiederverheiratet. Beurteilung der Ehen von Geschiedenen, die wieder heiraten, Regensburg 1983.

Walter Kasper, Das Evangelium von der Familie. Die Rede vor dem Konsistorium, Freiburg-Basel-Wien 2014.

Walter Kasper, Katholische Kirche. Wesen – Wirklichkeit – Sendung, Freiburg-Basel-Wien 2011.

Walter Kasper, Papst Franziskus – Revolution der Zärtlichkeit und der Liebe. Theologische Wurzeln und pastorale Perspektiven, Stuttgart 2015.

Walter Kasper, Zur Theologie der christlichen Ehe, Mainz 1977.

Stefan Kiechle, Grenzen überschreiten. Papst Franziskus und seine jesuitischen Wurzeln (Ignatianische Impulse; Bd. 67), Würzburg 2015.

Karl Lehmann, Mit langem Atem. Weg – Erfahrungen – Einsichten. Der Kardinal im Gespräch mit Markus Schächter, Freiburg-Basel-Wien 2016.

Alfred Lorenzer, Das Konzil der Buchhalter. Die Zerstörung der Sinnlichkeit; eine Religionskritik (ftb; Bd. 7340), Frankfurt a. M. 1984.

Ignatius von Loyola, Geistliche Übungen. Nach dem spanischen Autograph übersetzt von Peter Knauer, Würzburg 2008.

Henri de Lubac, Betrachtung über die Kirche, Graz-Wien-Köln 1954.

Martin Maier, Oscar Romero. Prophet einer Kirche der Armen, Freiburg-Basel-Wien 2015.

Martin Maier, Pedro Arrupe – Zeuge und Prophet (Ignatianische Impulse; Bd. 24), Würzburg 2007.

Martin Mosebach, Häresie der Formlosigkeit. Die römische Liturgie und ihr Feind, München 2007.

Otto Hermann Pesch, Das Zweite Vatikanische Konzil (1962–1965). Vorgeschichte – Verlauf – Ergebnisse – Nachgeschichte, Würzburg 1993.

Karl Rahner, Sämtliche Werke, Bd. 10: Kirche in den Herausforderungen der Zeit. Studien zur Ekklesiologie und zur kirchlichen Existenz, Freiburg-Basel-Wien 2003.

Joseph Ratzinger, Die erste Sitzungsperiode des Zweiten Vatikanischen Konzils. Ein Rückblick, Köln 1963.

Joseph Ratzinger, Die letzte Sitzungsperiode des Konzils, Köln 1966, 76.

Joseph Ratzinger, Der Geist der Liturgie. Eine Einführung, Freiburg-Basel-Wien 2000.

Joseph Ratzinger, Gesammelte Schriften, Bd. 7: Zur Lehre des Zweiten Vatikanischen Konzils. Formulierung – Vermittlung – Deutung (2 Teilbd.), Freiburg-Basel-Wien 2012.

Joseph Ratzinger, Kardinal Frings über das Konzil und die moderne Gedankenwelt, in: HK 16 (1961/62), 168–174.

Joseph Ratzinger, Zur Frage nach der Unauflöslichkeit der Ehe. Bemerkungen zum dogmengeschichtlichen Befund und zu seiner gegenwärtigen Bedeutung, in: Franz Henrich/Volker Eid (Hg.), Ehe und Ehescheidung. Diskussion unter Christen (Münchener Akademie-Schriften; Bd. 59), München 1972, 35–56.

Joseph Ratzinger, Zur Frage nach der Unauflöslichkeit der Ehe. Bemerkungen zum dogmengeschichtlichen

Befund und zu seiner gegenwärtigen Bedeutung, in: Ders., Gesammelte Schriften, Bd. 4: Einführung in das Christentum. Bekenntnis – Taufe –Nachfolge, Freiburg-Basel-Wien 2014, 600–621.

Hans-Joachim Sander, Theologischer Kommentar zum Dekret über die sozialen Kommunikationsmittel Inter mirifica, in: HThKVatII 2, Freiburg-Basel-Wien 2004, 230–261.

Theodor Schneider (Hg.), Geschieden, wiederverheiratet, abgewiesen? Antworten der Theologie (QD; Bd. 157), Freiburg-Basel-Wien 1995.

Eberhard Schockenhoff, Die zwei Seiten eines Textes. Die Wortmeldung des emeritierten Papstes zur Debatte um wiederverheiratete Geschiedene, in: HK 68 (2014), 605–609.

Christoph Schönborn (Hg.), Berufung und Sendung der Familie. Die zentralen Texte der Bischofssynode. Mit einem Kommentar von P. Michael Sievernich SJ, Freiburg-Basel-Wien 2015.

Michael Sievernich (Hg.), Papst Franziskus. Texte, die ihn prägten, Darmstadt 2015.

Antonio Spadaro, Das Interview mit Papst Franziskus, hg. von Andreas R. Batlogg, Freiburg-Basel-Wien 2013.

Alex Stock, Rede, Gerede. Zur Sprache in der Liturgie, in: Diakonia 29 (1998) 94–101.

Norbert Trippen, Josef Kardinal Frings (1887–1978), Teil 2: Sein Wirken für die Weltkirche und seine letzten Bischofsjahre (Kommission für Zeitgeschichte: Veröffentlichungen der Kommission für Zeitgeschichte/Reihe B, Forschungen; Bd. 104), Paderborn [u. a.] 2005.

Peter Walter, „Responsibilitas urgenda est“ – „Verantwortung tut not“. Weihbischof Josef Maria Reuß und das

Zweite Vatikanische Konzil, in: Peter Reifenberg/ Annette Wiesheu (Hg.), Weihbischof Josef Maria Reuß (1906–1985), Mainz 2007, 83–120.